Willigis Jäger

Anders von Gott reden

Bilder von Petra Wagner

Willigis Jäger

Anders von Gott reden

Bilder von Petra Wagner

3. Auflage 2012
**Verlag Via Nova, Alte Landstraße 12,
36100 Petersberg**
Telefon: (06 61) 6 29 73
Fax: (06 61) 9 67 95 60

E-Mail: info@verlag-vianova.de

Internet: www.verlag-vianova.de

Umschlagbild: Petra Wagner
Gestaltung: typo-service kliem, 97647 Neustädtles
Druck und Verarbeitung: Appel & Klinger, 96277 Schneckenlohe
© Alle Rechte vorbehalten
ISBN 978-3-86616-061-3

Inhaltsverzeichnis

„Spaltet ein Stück Holz
und ich bin da.
Hebt einen Stein auf
und ihr findet mich dort."

(Thomasevangelium 77)

„Denn wahrlich, wenn einer wähnt, in Innerlichkeit, Andacht, süßer Verzücktheit und in besonderer Begnadung Gottes mehr zu bekommen als beim Herdfeuer oder im Stalle, so tust du nicht anders, als ob du Gott nähmest, wändest ihm einen Mantel um das Haupt und schöbest ihn unter eine Bank. Denn wer Gott in einer (bestimmten) Weise sucht, der nimmt die Weise und verfehlt Gott, der in der Weise verborgen ist. Wer aber Gott ohne Weise sucht, der erfasst ihn, wie er in sich selbst ist; und ein solcher Mensch lebt mit dem Sohne, und er ist das Leben selbst. Wer das Leben fragte tausend Jahre lang: ‚Warum lebst du?' – könnte es antworten, es spräche nichts anderes als: ‚Ich lebe darum, dass ich lebe'."

(Meister Eckehart)

1 Einführung – Anders von Gott reden

Die Entfaltung des menschlichen Bewusstseins steht nicht still, sondern schreitet unablässig voran. Bislang versuchten wir die Wirklichkeit – und auch den religiösen Urgrund – vor allem mit unserem Verstand und unseren Sinnen zu erfassen. Die Naturwissenschaft analysierte und deutete die äußere Welt mit Hilfe der intellektuellen und rationalen Fähigkeiten des Menschen. Immer mehr zwingen uns jedoch gerade die Erkenntnisse der modernen Wissenschaften zur Einsicht, dass Wirklichkeit viel mehr ist, als wir sehen, hören und intellektuell begreifen können. In diese neue Erfahrungsebene wollen die Beiträge dieses Buches führen. Sie sind aus Ansprachen entstanden, die in offenen religiösen Feiern gehalten wurden. Anwesend waren viele Menschen, denen die Deutung des Lebens aus Glaubenssätzen brüchig geworden war. Sie suchten nach Erfahrung.

Die Bilder von Petra Wagner entstanden in der Zurückgezogenheit eines Klosters. In der Stille – durch die Stille – aus der Stille ... und dem Gebet. Die Bilder sind aus der Stille geboren und wollen den Betrachter wieder in die Stille führen.

Der kontemplative Weg, den die Künstlerin schon lange geht, ließ Bilder entstehen, die dem Text des Buches Leben und Deutung geben. Das führte zu einer Wort-Bildbeziehung, die den Inhalt lebendig werden lässt und vertieft. Die Bilderfolge ist ein kleiner Ausschnitt aus dem Schaffen von Petra Wagner. Ich bin ihr sehr dankbar, denn die Texte des Buches haben durch ihre Arbeit sehr an Transparenz gewonnen.

Die Kunst ist die Schwester der Mystik. Sprache und Bild sind Gleichnis und versuchen dem Unsagbaren Ausdruck zu geben. Sie sprengen den vordergründigen, vom Ich besetzten Erfahrungsraum und geleiten in die spirituelle Ebene, in den eigentlichen Bereich des Religiösen. Manche Bilder haben den Charakter eines Tores. Sie führen ins unsagbare Leere, in das Nichts und Alles. Oder sie haben den Charakter einer Schwelle, an der sich der Mensch entscheiden muss. Wer den Mut hat, die Schwelle zu überschreiten, und viel Unnötiges zurücklassen kann, wird beschenkt mit neuen unbekannten religiösen Erfahrungen.

Willigis Jäger

2 | Der Alltag als Gottesdienst

„Spaltet ein Stück Holz und ich bin da. Hebt einen Stein auf und ihr findet mich dort." (Thomasevangelium 77)

Gott will nicht verehrt werden, Gott will erkannt und gelebt werden, hier und jetzt. Gott ist der Prozess, der sich in uns und durch uns vollzieht. Er ist die Gestaltungskraft in jeder Gestalt. So, wie er Gestalt war in Jesus, ist er Gestalt in jedem von uns. Deshalb sind wir hier und deshalb ist es unsere Aufgabe, ganz Mensch zu sein und unser Leben zu zelebrieren wie einen Gottesdienst. Gott wird nicht auf diesem oder jenem Berg angebetet. Er wird im Geist und in der Wahrheit angebetet. Ihn als mein Leben zu erfahren, das nenne ich „Gott im Geist und in der Wahrheit anbeten". Jede Religion ist der Weg in die Erfahrung des Kommens und Gehens Gottes, die sich jetzt in dieser Gestalt in mir offenbart.

Deshalb sind wir gehalten, den Alltag zu zelebrieren wie einen Gottesdienst. Das bedeutet kein feierliches Gehabe, sondern das Allergewöhnlichste des Alltags zu verrichten und darin Gott zu erfahren. In einem Benediktinerkloster legt man bei jedem Stundenschlag das Werkzeug aus der Hand und nimmt für eine Minute der Besinnung die Hände vom Computer. Wandel in Gottes Gegenwart nennt man dies in der christlichen Tradition. In einem Zenkloster verneigt man sich, bevor man den Besen zur Hand nimmt, um zu kehren. Denn nicht ich kehre, es ist die Urwirklichkeit selbst, die als Mensch kehrt. Auch in unseren Kontemplations- und Zenkursen bedeutet das Gehen ebenso wie das Essen eine Fortsetzung der Präsenz, die wir im ruhigen Sitzen praktizieren. Erst wenn wir begreifen, dass nichts herausfallen kann aus diesem Universum, und spüren, dass das Bellen eines Hundes und der Chor der Frösche und der Grillen, das Krähen eines Hahns und der Ruf des Kuckucks die gleiche Quelle hat wie der Chor der Mönche und das Ritual des Mahles, ahnen wir, dass sich das Göttliche selber feiert in all diesen Formen.

Aus dieser Erfahrung heraus konnte der Mystiker Tersteegen sagen: „Gott ist uns unendlich näher, wir leben und schweben in Gott; wir essen, trinken und arbeiten in Gott; wir denken in Gott; und wer Sünde tut, – erschrick nicht, dass ich so rede –, der sündigt in Gott."

Auch die folgende Geschichte mag dies verdeutlichen: Ein Schüler lud den Meister zum Festessen ein. Der Meister setzte sich an den Tisch und fing an zu essen. Der fromme Schüler war sehr verwundert, weil der Meister nicht zuerst betete, und fragte ihn nach dem Grund. Die Antwort des Meisters war: „Jeder Atemzug ist für mich Gebet, jeder Schritt und all mein Tun. Warum sollte es mit dem Essen anders sein?" Das spricht nicht gegen ein Ritual vor dem Essen. Es ist sogar ein sehr bedeutsames Ritual, zu beten oder sich die Hände zu reichen, bevor man isst. Was der Meister sagen wollte, war: Unser ganz gewöhnliches Leben ist ein Ritual, das uns die Einheit mit unserem wahren Wesen erfahren lässt. Unser ganz gewöhnliches Tun ist eine heilige Handlung. Unser Leben kann nicht aufgeteilt werden in heilig und unheilig.

Die Weisen aller Religionen erinnern uns daran, unser Leben als Ausdruck des Göttlichen im Hier und Jetzt zu erfahren. Der Zen-Meister Enno rief aus: „Wie wunderbar! Ich spalte Holz, ich trage Wasser." Und der Sufi-Mystiker Kabir dichtete: „Oh, der du mir dienst, wo suchst du mich? Siehe, ich bin bei dir. Ich bin weder im Tempel noch in der Moschee, weder in der Kaaba noch auf dem Kailash, weder bin ich in Riten und Zeremonien noch in Yoga oder Entsagung. Wenn du ein wahrhaft Suchender bist, wirst du mich sogleich sehen. Mir begegnen im gleichen Augenblick!"

Jeder echte spirituelle Weg führt zurück auf den Marktplatz und in den Alltag. Wahre Mystik kennt weder Weltflucht noch Regression. Die Ochsenbilder des Zen, die den Weg der Bewusstseinsentfaltung beschreiben, zeigen das deutlich. Das letzte Bild zeigt die Rückkehr auf den Marktplatz. Hier, im Getriebe der Welt, hat sich die mystische Erfahrung zu bewähren. Sehr viele Menschen, die den spirituellen Weg mit mir gehen, engagieren sich sozial und gesellschaftspolitisch. Verantwortungsbewusstsein und ein tiefes Mitgefühl für die Welt und die Mitmenschen sind eine selbstverständliche Begleiterscheinung eines wirklichen spirituellen Weges.

„Das Mysterium findet am Hauptbahnhof statt", so drückte es der Künstler Joseph Beuys einst aus. Denn wenn es nicht auch dort stattfindet, findet es überhaupt nicht statt. Und alle partizipieren wir am Einen. Alles ist Ausdruck des Einen. Kabir sagt es in schlichten Worten: „Es ist nutzlos, einen Heiligen zu fragen nach dem Stand, zu dem er gehört: denn der Priester, der Krieger, der Händler und alle die sechsunddreißig Stände suchen gleichermaßen Gott. So ist es Torheit zu fragen, welches der Stand eines Heiligen sei. Der Barbier hat Gott gesucht, die Wäscherin und der Zimmermann – Hindu und Muslim haben gleicherweise erreicht jenes Ende, wo kein Zeichen des Unterschieds bleibt."

3 Das Ganz-Andere, das wir zu „Gott" gemacht haben

Was wir Abendländer „Gott" nennen, ist die Grundform des Seins, besser der Hintergrund des Seins. Es ist der Evolutionsprozess, der im Kosmos sichtbar und in vielem für uns unfassbar Gestalt annimmt. Diesen Hintergrund des Seins, diese Urwirklichkeit, dieses Urprinzip, nennen wir Abendländer seit einigen Jahrtausenden „Gott". „Gott" ist ein schillernder Begriff. Er wird sehr verschieden interpretiert. ER (ES) ist der zeit- und raumlose, formlose Urgrund aller Formen, das Urprinzip, Gottheit, Leerheit, Wesensnatur, das Absolute, das Numinose, Leben. Es ist eine apersonale Bewusstheit, die unsere Ratio weit übersteigt, die sich ständig in Formen, Strukturen und Wesen darstellt. Immer, wenn ich das Wort „Gott" gebrauche, bitte ich euch, diese Definition nicht zu vergessen. Mystik ist die Erfahrung des Kommens und Gehens dieser Urform, die als Dynamik ständig in Strukturen erscheint. Leben ist Bewegung, die aufblüht und vergeht. Den Punkt Omega gibt es nicht. Es gibt nur Alpha und Omega gleichzeitig. Es offenbart sich als Hier und Jetzt. Es gibt nur Zeitlosigkeit, in der die Formen aufflammen und erlöschen.

Wenn ich das Wort „Gott" benütze, ist es diese apersonale Bewusstheit. Es ist also nicht eine Person, die außerhalb steht, von außen lenkt und ordnet, es ist das Inwendigste des Kosmos. Es ist diese apersonale Bewusstheit, die überfließt und sich in das ergießt, was wir Schöpfung nennen. Eckhart kann daher sagen: „Wenn Gott sagt: Ich bin, der ich bin, ist er die Reinheit der Bejahung unter Ausschluss alles Negativen von Gott, weiterhin sein Sein als eine gewisse auf sich selbst und über sich selbst zurückgebogene Hinwendung und ein In-sich-selbst-Ruhen und Feststehen, überdies aber ein gewisses Kochen oder Sich-selbst-Gebären, das in sich glüht und in sich selbst und über sich selbst verfließt und kochte, ein Licht, das im Licht und ins Licht mit sich ganz durchdringt und das mit sich ganz über sich ganz überall gewandt und zurückgebogen ist gemäß jenem Wort eines Weisen: „... Das Leben besagt nämlich ein Ausströmen, bei dem etwas in sich selbst schwellend sich zunächst in sich selbst ergießt mit jedem Teil seiner selbst in jeden Teil seiner selbst, bevor es sich ausgießt und überkocht nach draußen." (Quint S. 35) Es gibt nicht den Gott mit Namen und Antlitz, mit Verkündigung und Lehre, mit Tempel und Verehrung, sondern nur den Gott des Augenblicks. Er nimmt nichts vorweg, er hat immer nur das Gesicht der augenblicklichen Form, in die er sich ergießt. So verstehe ich den Anfang des Johannesevangeliums. Diese Aussagen sind nicht nur von Jesus gesagt, sie sind von uns gesagt: „Im Anfang war das Wort, und das Wort war Gott. Im Anfang war es bei Gott. Alles ist durch das Wort geworden, und ohne das Wort wurde nichts, was geworden ist." (Jo 1,1 ff.)

Wir sind es, von denen hier die Rede ist. Er ist ein Gott, der jeden Namen annehmen kann, der nicht über oder hinter den Dingen steht, sondern aus ihnen – und als sie – hervorbricht. Er ereignet sich. Er ist der Gott, der die Schöpfung tanzt wie Shiva. Er kann nicht einer sein, der etwas geschaffen hat und dann von außen steuert, er ist das Kommen und Gehen selber. Shiva tanzt in einem Kranz von Flammen. Es sind die Äonen, die kommen und vergehen. Er geht als diese Kosmen auf und unter, wird geboren und stirbt. Eckehart würde es ein Überkochen nennen und ein Sich-selbst-Gebären (Quint S. 35).

Wiedergeburt ist zuerst eine Geburt der Äonen, der Galaxien und Welten und dann auch eine Wiedergeburt des Menschen.

Aber nicht eine Wiedergeburt des Gleichen oder der gleichen Person, das wäre ein langweiliger Gott, der immer wieder in gleicher Weise erscheinen würde. Es ist vielmehr der gleiche Gott, der sich in immer neuen Erscheinungsformen verwirklicht. Der Mensch möchte in der gleichen Identität wieder geboren werden. Warum eigentlich? Er widersetzt sich der Schöpfungsordnung.

Der Abgrund der Urwirklichkeit offenbart sich in allem, auch im Alltäglichsten, im Normalsten und Gewöhnlichsten. Man kann nicht davon reden, weil Worte aus dem mentalen Verstehen kommen und im nondualen Raum wertlose Instrumente geworden sind. Diese Urwirklichkeit ist sprachlos im wahrsten Sinne des Wortes. Sie übersteigt jede Religion, Theologie, Theodizee und Philosophie. Sie steht am Ursprung von allem.

Nur eines lässt sich über dieses Urprinzip sagen: Als Shakyamuni den Morgenstern am Tag seiner Erleuchtung sah, rief er aus: „Ich bin der Einzige im Himmel und auf Erden." Und gleichzeitig bekannte er: „Alle Wesen haben diese Urnatur." Das führt zum Paradoxon, dass jeder mit Shakyamuni ausrufen kann: „Ich bin der Einzige." Vielleicht müsste man im Deutschen sagen: „Ich bin das Einzige." Und jeder ist dieses Einzige. Darum sagte Jesus: „Ich und der Vater sind eins." Und darum sagen Mystiker:„Ich bin Gott", d. h. „Ich bin das Einzige." Das ist nicht aus dem Ich gesprochen, sondern aus der Erfahrung der Einheit. Es ist die Unio Mystica. Darüber lässt sich weiter nichts sagen. Jedes weitere Wort führt zu Missverständnissen. Auf diesem Weg kann man niemanden überzeugen. Man kann nur durchbrechen, dann bedarf es keiner Beweise mehr. Das wirklich Verbindende ist die Leerheit, das Nada eines Johannes v. Kreuz, das „nackte Sein" im „Weg des Schweigens". Aber wer aus einer Erfahrung der Leerheit zurückkommt, kommt zurück in die Zeit, in der er lebt, in die Vorgabe seiner Gene, in seine Konditionierungen, seine Religion und seine Erziehung. Er wird das Erlebte in diesen Vorgaben auszudrücken versuchen. Aber er weiß, dass es nur Wimpernschläge eines virtuellen Hintergrundes im Hier und Jetzt darstellt. Er benützt die Bilder und Mythen seiner Religion und seiner Zeit, um das zu deuten, was er auf einer „Nicht-Ebene" erfahren hat.

4 | Berühren

„Als Jesus vom Berg herabstieg, kam ein Aussätziger. Er fiel vor ihm nieder und sagte: Herr, wenn du willst, kannst du machen, dass ich rein werde. Jesus streckte seine Hand aus, berührte ihn und sagte: Ich will es, werde rein! Im gleichen Augenblick wurde der Aussätzige rein." (Mt 8.1 ff.)

Da ist einer aussätzig, d. h., er ist ausgestoßen, allein, gebrandmarkt. Das ist kein Leben. Leben beginnt durch Beziehung, Zuwendung und nicht zuletzt durch Berührung. Jesus stieg vom Berg herab. Berg ist das Symbol für die Einheit mit Gott, der Berg Tabor z. B., auf dem Jesus seine Einheitserfahrung mit Gott hatte. Zen kennt den Berg Myo, den Berg der Erleuchtung. Da oben darf man aber nicht sitzen bleiben. Jesus stieg vom Berg Tabor herab und erzählte seinen Jüngern vom Leiden, das ihm bevorstand.

Jesus steigt in diesem Evangelium vom Berg herab und berührt und heilt den Aussätzigen. Der mystische Weg endet im Alltag. Der

Mönch, der in der Zen-Erzählung auf dem Berg Myo, dem Berg der Erleuchtung also, sitzen bleiben will, wird vom Meister geschlagen. Auf den Berg der Erleuchtung steigt man, um wieder hinunterzusteigen zu den Menschen. Und dort sollen wir ihnen Nähe vermitteln, nicht zuletzt die Nähe und Geborgenheit, die von Gott kommt, die im transpersonalen Erlebnis als universale Liebe spürbar wird. Jesus stieg hinab und berührte den Aussätzigen. Er hatte keine Angst vor Ansteckung.

Haben wir den Mut, uns auf andere in unserem Umkreis einzulassen? Können wir Nähe ertragen? Der andere, das andere sind doch auch die Manifestation der Wirklichkeit, die wir „Gott" nennen. Der Typ, mit dem wir gerade zu tun haben, mag unsympathisch sein auf der vordergründigen Ebene, aber zutiefst ist er eine Offenbarung Gottes. Wenn Menschen in eine tiefe Erfahrung durchbrechen, dann höre ich sehr oft die Aussage: „Ich könnte alle umarmen." Und manche fügen hinzu: „Sogar diesen oder jenen Typ, der mir so unsympathisch ist." Da geht dem Menschen auf, dass wirkliche Liebe mit Sympathie und Antipathie nichts zu tun hat. Es ist die Liebe der Sonne, die nicht sagt: „Den mag ich, dem scheine ich; den mag ich nicht, dem scheine ich nicht."

Diese Liebe ist nicht Geben und nicht Nehmen. Sie ist einfach da. Sie gehorcht nicht einem Befehl. Sie ist frei und lässt frei. Sie steigt aus der Rolle aus, aus dem Programm und aus dem Gebot. Sie kennt keinen Stolz und ist immer wieder bereit zum Neubeginn. Sie zertrümmert alles Harte und weckt alles Feine und Reine in uns. Sie säubert unsere Gedanken und bringt Klarheit in die Verwirrung. Ohne sie macht Leben keinen Sinn und wir finden unsere eigentliche Berufung nicht.

Echte Liebe kann also auch bestehen, wenn man verschiedener Ansicht ist, wenn man einen Kompromiss finden muss, wenn Überzeugungen auseinanderfallen, sei es in einer Gruppe, einer Gemeinschaft, einem Staat oder in einer Religion. Gerade da zeigt sich diese universale Liebe. Diese Liebe ist nicht eng, sie kann nicht nachtragen, sie ist immer zur Aussöhnung bereit.

Es ist das, was wir Christen „Agape" nennen, eine Liebe, die nicht aussondert. Das heißt nicht, dass ich nicht auch besondere Freunde haben kann. Gerade da zeigt sich diese Liebe. Bei besonderen Freunden, bei Partnern kann man nicht ausweichen. Je weiter weg der andere ist, um so leichter lässt es sich ja lieben. Die Entgrenzung zum anderen hin gehört zum Wachstumsziel unseres Lebens. Es wird bei uns viel von Selbstverwirklichung gesprochen. Gemeint ist dann oft die Egoverwirklichung auf Kosten der anderen. Selbstverwirklichung heißt in der Mystik, unserem tiefsten Selbst eine Chance der Öffnung zu geben, um sich dann mit den anderen und dem anderen zusammen zu verwirklichen. Sie ist Selbsttranszendenz: ein Sich-öffnen-Können zum Ganzen hin. Die Einheit kommt aus der Erfahrung des Nichtgetrenntseins.

Es gibt nur Koevolution, um ein zeitgenössisches Wort zu gebrauchen. Jeder Mensch, der seine eigene Selbstverwirklichung oder Entfaltung anstrebt, ohne die Koevolution seiner Umwelt in gleicher Weise in sein Streben mit einzubeziehen, schadet sich und der Umwelt. Solange wir in der Illusion eines getrennten Ich verbleiben, treten wir in Gegensatz zum Leben. Leben heißt in Beziehung stehen, einander berühren.

Brot und Wein. Wenn wir jetzt zur Agape gehen, so empfangen wir Brot und Wein. Brot und Wein sind Symbole für die Einheit von Gott und Mensch, Leerheit und Form. So wie die vielen Körner zerstreut waren über den Acker und zu einem Brot geworden sind, so sollten wir uns als Einzelne in der Einheit erfahren. So wie die Trauben zerstreut waren über den ganzen Weinberg und jetzt zu einem Trank geworden sind, sollten auch wir uns als Einheit begreifen.

Dazu müssen wir herabsteigen vom Ego-Berg und den Mut haben, einander zu berühren, selbst dann, wenn der andere aussätzig, unsympathisch ist, einer anderen Partei angehört, einer anderen Rasse oder einer anderen Religion.

5 Seine und unsere Herrlichkeit (Exodus 33,18)

Kein anderer als C. G. Jung hat einmal gesagt: „Die entscheidende Frage für den Menschen ist: Bist du auf Unendliches bezogen oder nicht? Das ist das Kriterium deines Lebens." (Jung, Erinnerungen, S. 327) – Erkennen wir das Besondere auch in unserem Leben und im Leben eines jeden Kindes, ja im Leben eines jeden Geschöpfes? Bist du auf dieses Besondere, auf dieses Unendliche, auf dieses Göttliche in dir ausgerichtet, um es als dein tiefstes Wesen zu begreifen? Zu erkennen, wer wir sind, ist die Hausaufgabe unseres Lebens.

Bist du auf das Unendliche bezogen oder nicht? Ich möchte euch diese Frage mitgeben in die kommende Zeit. Das Kommende macht den Menschen Angst. Was ist im Dunkel verborgen? Eine Geschichte aus dem Alten Testament soll dabei helfen.

Mose bat den Herrn: „Lass mich doch deine Herrlichkeit sehen!"
Der Herr erwiderte: „Ich werde in meiner ganzen Pracht und Hoheit an dir vorüberziehen und meinen Namen vor dir ausrufen ...
Aber mein Gesicht darfst du nicht sehen, denn niemand, der mich
sieht, bleibt am Leben. Hier auf dem Felsen neben mir kannst du
stehen. Wenn meine Herrlichkeit vorüberzieht, werde ich dich in
einen Felsspalt drücken und dich mit meiner Hand bedecken, bis
ich vorüber bin. Dann werde ich meine Hand wegnehmen, und
du kannst mir nachschauen. Aber von vorn darf mich niemand
sehen." (Exodus 33,18 ff.)

Die Nähe Gottes. Es ist eine alte spirituelle Weisheit, dass uns
Gott immer dann am nächsten ist, wenn wir meinen, er sei abwe-
send. Gott will Mose seine ganze Pracht und Hoheit zeigen. Aber
um das zu sehen, muss Mose in die dunkle Felsspalte, und Gott
legt obendrein auch noch seine Hand auf ihn und drückt ihn
gleichsam hinein. Wir können die Nähe Gottes nicht mit Sinnen
und Verstand begreifen. Gott schließt gleichsam die äußeren
Sinne des Mose, damit er die Fülle der Wirklichkeit begreifen kann.
Im Augenblick, in dem Mose das Gefühl haben muss, alles ist dunkel, eng, bedrückend und leer, ist ihm Gott am nächsten. Da geht
Gott an ihm vorbei. Wenn er aus der Felsspalte herauskommt, erkennt er, dass Gott ihm da am nächsten war, als alles eng, dunkel,
ausweglos schien.

So ist es auch in unserem Leben. Das Göttliche ist uns immer
dann am nächsten, wenn wir uns verzweifelt und verlassen vor-
kommen. Es scheint, dass der Transformationsprozess seine eigene
Gesetzmäßigkeit hat und dass das, was wir Depression nennen, oft
das Dunkel der Gegenwart Gottes ist. Ihr kennt das Wort von Rumi,
dem Sufi-Mystiker: „Unter jeder Ruine ist ein Schatz verborgen.
Grabe nach dem Schatz."

Der Transformationsprozess. Der Transformationsprozess ist offensichtlich ein schmerzhafter Prozess. Nur wenn man ihn nicht als Krankheit und Leid, sondern als Verwandlungsprozess sehen kann, lässt er sich verstehen und ertragen. Nicht vergebens wird auf den spirituellen Wegen Leid sehr hoch eingeschätzt. Es ist die Medizin, die den Menschen verwandelt und zur Vollendung führt. Wohl dem, der seine Tiefs so sehen kann.

Wohl dem, der auch seinen Tod so sehen kann als die letzte Bedrängnis Gottes, die uns seine Herrlichkeit sehen lässt, wenn er vorüberzieht. Wir haben Angst vor dem Grab, das nach keiner Seite einen Ausweg zulässt, aus dem es nur eine Befreiung gibt, wenn der Körper zurückbleibt. Davor haben wir Angst. Aber wie sonst sollten wir aus dem Grabe auferstehen? Wir öffnen uns für unser wahres Wesen, für den Ursprung. Wir kehren heim; besser gesagt, wir erkennen, dass wir nie woanders waren.

Ich möchte diese Geschichte noch anders erzählen: Eine Seele, die mit Gott am Strand ging, beklagt sich, dass da plötzlich nur eine Spur zu sehen ist. „Wo warst Du?", fragt sie Gott. „Es gibt nur eine Spur. Du hast mich verlassen." „Nein", lässt Gott sie wissen, „das war die Zeit, in der ich dich getragen habe." Wir können uns gar nicht trennen von diesem absoluten Bewusstsein. So wenig, wie wir eine Seite unserer Hand von der anderen trennen können.

6 | Erscheinung des Herrn und Erscheinung in uns

„Wir gehören zu demselben Leib und haben an derselben Verheißung in Jesus Christus teil." (Eph 3,6)

Das Fest am 6. Januar nennen wir Epiphanie Gottes, also die Erscheinung des Göttlichen, das Aufscheinen des Göttlichen. Im Evangelium scheint es den Magiern auf. Es scheint ihnen auf in diesem Kind. Es ist die mythische Einkleidung eines sich ständig wiederholenden Ereignisses im Menschen. Wir sind diese Magier. Epiphanie soll sich auch in uns ereignen. Das Göttliche will auch in uns aufscheinen.

Der Mythos von den Weisen charakterisiert unser Leben hier und jetzt. Wir kommen von weit her: aus der Dunkelheit der Ichzentrierung. In dieser Dunkelheit sieht die Welt ganz anders aus – „verhangen" und „dunkel", sagt das Lied. Auch wir haben erst bei Herodes gesucht und in vielen Palästen, bis wir erkannt haben: Dort ist es nicht zu finden. Es scheint in den einfachen Dingen und Ereignissen des Lebens auf, im Stall, bei den Hirten, im Hier und Jetzt des Alltags, wie es den Magiern in diesem unscheinbaren Kind aufschien.

Aber es dauert lange, bis wir erkennen: Es ist in jeder Blume, in jedem Stein, in jedem Menschen. Damit wir es lernen, feiern wir Agape. So, wie es in Brot und Wein aufscheint, scheint es in allem auf, wenn unsere Augen sehend geworden sind. So, wie es im Kind Jesu erschienen ist, erscheint es in jedem Menschenkind. Das war die Erleuchtungserfahrung von Shakyamuni: Alle Wesen haben die Buddhanatur, d. h., sie manifestieren dieses göttliche Ur-Prinzip.

Das Göttliche Kind. Es vergeht kein Kurs, in dem mir nicht Teilnehmer von einem Kind berichten, das sie im Traum geboren haben oder das ihnen anvertraut worden ist. Es ist das Göttliche Kind, unser innerstes Wesen, das sich uns als Kind offenbart. Warum dauert es nur so lange, bis wir begreifen, dass wir wirklich Kinder Gottes sind? Bis wir erkennen: Es existiert nichts, was nicht Ausdruck dieses göttlichen Urprinzips wäre. Shakyamuni hat es am Tag seiner Erleuchtung mit den Worten ausgedrückt: „Alle Wesen haben von Anfang an die Buddhanatur." – Christlich ausgedrückt mit den Worten der Weihnachtsbotschaft lautet das: „Alle Menschen sind aus Gott geboren." (Jo Prolog) Oder wie es Paulus ausdrückt: „Wir gehören zu demselben Leib und haben an derselben Verheißung in Jesus Christus teil." (Eph 3,6)

Alle Mystiker sagen uns und sogar der große Theoretiker Thomas v. Aquin meint, dass Gott nicht nur mit einem Teil seiner selbst gegenwärtig sein kann; denn in Gott gibt es keine Teile. Er ist mit seiner Wesenheit (Essenz) in allen Dingen, mit anderen Worten: Was wir „Gott" nennen, offenbart sich als jedes Teilchen, als jedes subatomare Teilchen der Materie, als jedes lebendige Wesen, und es ist das Wesen eines jeden Menschen.

Unsere eigene Minderwertigkeit. Was uns bei solchen Aussagen immer Schwierigkeiten macht, ist unser Gefühl der Minderwertigkeit. Es ist uns eingetrichtert worden, dass es in der Religion doch am Ende auf Leistung ankommt. Wir meinen, wir müssten uns den Himmel verdienen. Man hat uns Religion als Moral eingetrichtert. Aber in der Religion geht es um Sein, nicht um Leistung. Es geht um die Erfahrung des Göttlichen als unser wahres Wesen und das Wesen von allem. Und das ist Grund zur Freude und Gelassenheit. Wir gewinnen dem Leben viel zu wenig Freude ab. Wenn das gesagt ist, kommt die nächste Frage: Was ist dann mit all dem Bösen in der Welt, vor allem mit bösen Menschen, noch genauer, was ist mit Hitler, mit Stalin, Mao und all denen, die andere geschunden und gemordet haben? Gibt es eine Vergeltung oder gibt es sie nicht? Ich meine, dass wir die Entfaltung des Göttlichen Prinzips mit viel zu menschlichen Augen betrachten. Wir versuchen diese multidimensionale Welt in die einfachen Kategorien unseres Denkens einzuordnen. Doch das Göttliche Prinzip ist nicht rational organisiert. Es ist a-rational oder transrational organisiert als eine Bewusstheit, die vom Verstand nicht begriffen werden kann.

Unser Anteil am Bösen. Vielleicht haben wir alle viel mehr Anteil an Stalin, Hitler und Mao, als wir meinen. Vielleicht sind sie nur die Eiterbeulen am Leibe der Menschheit, zu denen wir alle beigetragen haben. Das kosmische Gesetz ist gerecht; damit will ich sagen, wer sich nicht positiv in die Evolution einbringt, fällt einfach über den Rand. Er zählt nach einiger Zeit nicht mehr. Wir haben sogar die Möglichkeit, uns selber über den Rand zu stürzen. Auch unsere Spezies wird einmal untergehen. Es hat uns nicht gegeben und es wird uns eines Tages nicht mehr geben.

Wir gehen den Weg des Zen und den Weg der Kontemplation, um immer mehr zu erfahren von dieser unverstellten Wirklichkeit. Es ist ein langer Prozess, bis wir das erkennen. Aber wenn wir es erkannt haben, ändert es unsere „Weltanschauung" von Grund auf. Dieser Weg der Kontemplation und des Zen ist also keine überflüssige Marotte, es ist der Weg zur vollen Menschwerdung. Und darum ist es wert, dass wir alles auf eine Karte setzen, um Seine Epiphanie in uns und in allem zu erkennen.

Es gibt nichts, was nicht gottesförmig wäre.
Es gibt nichts, was nicht SEINE Epiphanie wäre.
Es gibt nur diese eine Spur und es ist immer die göttliche Spur.
Dieses Vertrauen wünsche ich euch für die kommende Zeit.

Am heutigen Tag weihen wir Kreide. Damit schreiben wir einen Segen über unsere Haustüre. Die Buchstaben C-M-B werden im Volksmund gedeutet: Caspar – Melchior – Balthasar. In Wirklichkeit sind sie ein Teil der Segensworte: Christus mansionem benedicat! Christus segne dieses Haus!

Es ist keine Magie, was wir hier tun. Es ist ein Ritual, das uns auch im Alltag an unsere ewige Bestimmung erinnern soll. Gleichzeitig ist es ein Wunsch. Wünsche senden Energien aus. Und so wird diese Inschrift über den Türen unserer Häuser auch eine Quelle positiver Energien oder, wie wir als Christen sagen, zum Segen. Das Gebet über die Kreide lautet: „Gott! Segne diese Kreide, mit der wir an die Türen unserer Häuser Deinen Segen schreiben. – Schenke allen, die hindurchschreiten, Einsicht, Weisheit, Liebe und Frieden im Herzen."

7 Wir sind alle „unbefleckt empfangen"
(8. Dezember)

„Deine Brüder und Schwestern stehen draußen ..." (Mt 12,49) – „Wenn man euch fragt, woher seid ihr gekommen, sagt zu ihnen: Wir sind aus dem Licht gekommen, dem Ort, wo das Licht geworden ist aus sich selbst. – Wenn man euch fragt: Wer seid ihr? Sagt: Wir sind seine Söhne und Töchter und wir sind die Erwählten des lebendigen Vaters!" (Thomasevangelium)

Wir feiern das Fest der Unbefleckten Empfängnis Mariens. Das Fest besagt für mich, dass Maria ohne Erbsünde empfangen wurde. Für viele ist das ein Skandal, „einfach nicht zu glauben". Manche sind dieses Dogmas wegen aus der Kirche ausgetreten. – Was immer andere darunter verstehen mögen, für mich ist es die Feier unseres eigenen, tiefsten göttlichen Wesens. Es geht bei diesem Fest nicht nur um Maria. Wir alle sind unbefleckt empfangen. In diesem Fest feiern wir unsere eigene unbefleckte Empfängnis. Es geht nicht um eine historische Frage, es geht um eine Heilsaussage. Wer hier das historische Geschehen in den Vordergrund bringt, verfehlt die Heilsbotschaft.

Unser unentweihtes Antlitz. In jedem Wesen gibt es etwas, an das Schuld nicht hinreicht. Dort haben wir nichts falsch gemacht. Dort ist das „unentweihte Antlitz" des Menschen, wie Gertrud von le Fort sagt. Dort ist das „Antlitz vor unserer Geburt", wie wir im Zen sagen. Dorthin kommt weder die Bosheit der Welt noch die eigene Schuld. Unbefleckte Empfängnis will sagen, dass unser tiefstes Wesen göttlich ist oder, wie ich das gerne sage, absolute Bewusstheit. Dieses göttliche Urprinzip hat sich als diese menschliche Form, als Jesus, als Maria und auch als diese meine Form kreiert. Es hat sich in dieser Form und in allen Formen physischer, psychischer oder geistiger Art eingegrenzt. Dieses unverfälschbare Urprinzip, das wir „Gott" nennen, lebt als diese Formen. Es kann nicht befleckt werden. Es zeigt sich leuchtend klar, sogar in Leid und Versagen. Es manifestiert sich im Baum als Baum, im Tier als Tier und im Menschen als Mensch.

Diese wahre Natur bedeutet Heiterkeit, Freude und Seligkeit. Dort bin ich sicher, dass mir nichts im Leben zustoßen kann. Dort erreicht mich keine Kritik und kein Lob, keine Schande und kein Unheil. Alle kleinliche Selbstsucht ist verschwunden. Eine große Liebe durchströmt mich dort. – Das klingt wie Schwärmerei, aber es ist das eigentliche Leben.

Jesus und Buddha. Man kann es Zufall nennen, dass im Buddhismus am gleichen Tag die Erleuchtung Shakyamuni Buddhas gefeiert wird. Die Erfahrung, die er an diesem Tag, als der Morgenstern noch am Himmel stand, machte, war genau die gleiche: „Alles verkörpert von Anfang an die Wesensnatur." Das heißt nichts anderes als: Alle Wesen sind eine Manifestation dieses Urprinzips, das wir Europäer „Gott" nennen. Alle Wesen sind unbefleckt empfangen, könnte man übersetzen.

Dieses göttliche Prinzip ist uns bei der Taufe bestätigt worden. So, wie über Jesus eine Stimme erscholl: „Dieser ist mein geliebter Sohn", so erschallt über jedem Kind, das getauft wird, diese Stimme: „Dieser ist mein geliebter Sohn, diese ist meine geliebte Tochter." Sie bestätigt, dass wir Kinder Gottes sind, dass wir göttlichen Ursprungs sind, dass wir unbefleckt empfangen sind und dass Gott in Wahrheit unser Vater ist. Die Taufe hat uns nichts Neues gebracht, sie hat uns nur unser göttliches Wesen bestätigt.

Christlich ausgedrückt heißt das: Wir sind göttliches Leben, das diese menschliche Erfahrung macht. Wir sind göttliches Leben, das sich inkarniert hat, das Mensch geworden ist. Das ist die Botschaft von der Inkarnation Gottes in Jesus. Wie in Jesus ist dieses göttliche Prinzip auch in jedem von uns Mensch geworden. Das Universum ist nichts anderes als dieses göttliche Bewusstseinsfeld, das sich immer wieder materialisiert. „Gott" kreiert sich selber in jedem Augenblick. Er kreiert sich in jedem Geschöpf. Warum diese Botschaft verkürzen auf Jesus und Maria?

Sein, nicht Leistung. Leider sind wir auch in der Religion auf Leistung gedrillt. Auch da sind wir Macher. Gute Werke und Wohlverhalten werden von uns gefordert. Den Himmel muss man sich verdienen, heißt es. Wo viele Programme und Aktionen laufen, zeigt sich eine gute Pfarrei. Was ist das für ein Gottesbild? Es ist ein Gott der Buchhalter. Sein, nicht Leistung ist die Kernaussage jeder Religion.

Unsere Erziehungsinstitutionen sind zu wenig Lebensschulen, auch wenn sie das für sich beanspruchen. Sie sind auf mentale Leistung ausgerichtet, auf Beruf, auf Karriere, Prüfungen, gute Abschlüsse und nicht auf das Sein. Differenziertes Spezialwissen beansprucht die ganze Kraft. Unser Geist wird in enge Leitplanken gezwängt. Er kann sich kaum frei entwickeln. Der Habens-Modus steht im Vordergrund, nicht der Seins-Modus (E. Fromm). Das gilt auch in der Theologie. Dr. theol. wird man, wenn man nachgewiesen hat, dass man viel über Gott weiß, nicht, dass man etwas von ihm erfahren hat.

Das Fest der Unbefleckten Empfängnis ist das Fest unserer unbefleckten Empfängnis. Unsere Zeugung aus Gott feiern wir in diesem Fest. Wenn Gott unser Vater ist, dann sind wir „Gott-Menschen". Das zu erkennen und zu erfahren war das Anliegen Jesu, der uns gesagt hat: „Das Reich Gottes ist in euch!" Wir sehen Jesus viel zu sehr als den Gekreuzigten. Jesus wollte das Reich Gottes verkünden. Am Kreuz ist er gestorben wie fast alle Propheten. Er hat die Wahrheit gesagt, deshalb hat man ihn umgebracht. Aber sein Anliegen war es, das Reich Gottes zu verkünden.

Darauf weist er auch hin im Evangelium: „Als Jesus noch mit den Leuten redete, standen seine Mutter und seine Brüder vor dem Haus und wollten mit ihm sprechen. Da sagte jemand zu ihm: Deine Mutter und deine Brüder stehen draußen und wollen mit dir sprechen. Ihm, der das gesagt hatte, erwiderte er: Wer ist meine Mutter und wer sind meine Brüder? Und er streckte seine Hand über seine Jünger aus und sagte: Das hier sind meine Mutter und meine Brüder." (Mt 12,46 ff.) Wir sind seine Brüder und Schwestern. Wenn er „Sohn Gottes" ist, sind auch wir „Söhne und Töchter Gottes"und wie er und Maria und alles, was Form hat, unbefleckt aus Gott geboren. Wie könnte aus Gott etwas anderes geboren werden? Das feiern wir in diesem Ritual.

8 | Alles ist heil(ig)

„Und Jesus zog in ganz Galiläa umher, lehrte in den Synagogen, verkündete das Evangelium vom Reich und heilte im Volk alle Krankheiten und Leiden. Und sein Ruf verbreitete sich in ganz Syrien. Man brachte Kranke mit den verschiedensten Gebrechen und Leiden zu ihm, Besessene, Mondsüchtige und Gelähmte, und er heilte sie alle." (Mt 4,23 ff.)

Die Schrift überliefert uns, dass Jesus geheilt hat. Woher nahm er seine heilenden Kräfte? Jesus gab den Kranken den Glauben, dass ihr Leben eine Manifestation des göttlichen Lebens ist. Im Innersten ist diese Welt in Ordnung. Sie ist heil und damit auch heilig. Jesus hat es verstanden, die Kranken wieder an dieses ihr Innerstes anzuschließen. Zum Gelähmten, den er heilt, sagt Jesus zunächst: „Hab Vertrauen, deine Sünden sind dir vergeben." (Mt 9,2)

Im Altertum galt Krankheit immer als eine Folge der Sünde. Jesus nahm dem Gelähmten die Angst vor den Folgen der Sünde und dann erst heilte er ihn. Und als zwei Blinde zu ihm kamen und um Heilung baten, fragte er sie zuerst: „Glaubt ihr, dass euch geholfen werden kann?" Nachdem sie mit Ja geantwortet hatten, berührte er ihre Augen und sagte: „Wie ihr geglaubt habt, soll es geschehen". (Mt 9,28 f.)

Jesus schließt die Menschen an die hintergründige Wirklichkeit ihres wahren Lebens an. Er weiß, dass man nicht nur Symptome heilen darf, sondern die Ursache heilen muss. Unsere falsche Lebensweise, die Verlorenheit im Diesseits, die Unordnung unseres Alltagslebens können Gründe für eine Krankheit sein.

Auch in uns liegen diese heilenden Kräfte geborgen. Vielleicht wirken sie nicht so Aufsehen erregend wie bei Jesus, doch auch von uns steht geschrieben, dass wir über sie verfügen. „Ihr werdet Schlangen aufheben, und wenn ihr etwas Tödliches trinkt, wird es euch nicht schaden. Kranken werdet ihr die Hände auflegen, und diese werden gesund werden." (Mk 16,18)

Diese Texte wollen nicht wörtlich genommen werden. Es sind Worte des Heils. Sie wollen uns sagen, dass auch wir heilen und heil werden, wenn wir an diese unsere göttliche Mitte angeschlossen sind. Wir können den Anschluss an unser heilendes und heilig machendes Innere finden. Das kontemplative Gebet, das in der Feier des Lebens gelehrt wird, ist nichts anderes als der Versuch, uns unserem göttlichen Inneren zu öffnen. Denn die Quelle des Heils ist in uns.

Dieser heile und heilige Raum existiert jenseits unseres Alltagsbewusstseins. Heilung geschieht, wenn wir dessen Grenzen verlassen können, um uns diesem Raum zu öffnen. Der transpersonale Bewusstseinsraum birgt Kräfte der Stille, der Liebe und des Einsseins. Es geht darum, unser ganzes Leben in Einklang mit dieser hintergründigen Wirklichkeit zu bringen. Heilung bedeutet, sich für diese unsere göttliche Mitte zu öffnen. Es gibt kein größeres Heilmittel als unser tiefstes Wesen. Wir brauchen diese Mitte nicht zu suchen, wir müssen nur die verdeckenden Schichten ablösen, um dieser heilenden Kraft teilhaftig zu werden. Hierfür muss der Pilger Mensch sein alles beherrschendes Ich zurücknehmen. Erst die Überschreitung der Ich-Grenzen führt den Menschen in den Bereich, in dem Heilung geschehen kann. Heilung geschieht, wir machen sie nicht, sie geschieht, wenn wir uns für unser wahres Wesen öffnen. Im kontemplativen Gebet öffnen wir uns für diese Kraft.

Wissenschaftliche Untersuchungen haben ergeben, dass ein Placebo eine heilende Wirkung haben kann. Der Glaube an die

Wirkung der Tablette löst heilende Kräfte im Körper aus. Unser Körper ist ein offenes und unbegrenztes Feld von Informationen und Rezeptionen, die wir freisetzen können, wenn wir ruhig werden und uns auf unsere Mitte ausrichten. Wenn aber schon der Glaube an Tabletten eine solche Veränderung herbeiführen kann, welche Wirkkraft besitzt dann erst der Glaube an die heilenden Kräfte unseres göttlichen Wesens? Jesus fragte die Blinden: „Glaubt ihr, dass Euch geholfen werden kann?'' Und als sie mit Ja antworteten, berührte er ihre Augen und sagte: „Wie ihr geglaubt habt, soll es geschehen.'' (Mt 9,28 f.)

Jesus zeigte auf, dass es im Heilungsprozess nicht nur darum geht, wieder gesund zu werden, sondern vielmehr darum, eine innere Heilung zu erfahren. In einer Krankheit kann uns die Wirklichkeit Gottes aufgehen. Leid und Krankheit sind wichtige Prozesse in unserem Leben, die eine Neuorientierung ermöglichen. Wir sollten Krankheit daher nicht negativ sehen, sondern als einen Weg zur Reife begreifen. Alle Menschen, die eine Spontanheilung erfahren haben, machten eine radikale Änderung ihres Lebens durch und kamen zu einer ganz neuen Lebenseinstellung. Die heilende Energie ist eine transformierende Kraft, die uns öffnet für unsere Mitte, die immer schon heil ist.

Es ist an der Zeit, eine ganz neue Auffassung von Wirklichkeit, von unserem Körper, der Welt, von Weiterleben, Auferstehung und Gott zu entwickeln. Gott ist das unbegreiflich Andere, das sich als dieses Universum kreiert und sich darin ausspricht. Aus Gott kann nichts herausfallen. Es kann nichts existieren, was nicht sein Leben wäre. Wir sind Mensch geworden, um dies zu begreifen und um in einer umfassenden Existenzerfahrung zu wachsen und zu reifen. Das ist für mich der eigentliche Grund unseres Mensch-Seins. Zu begreifen, dass alles im Innersten heil ist und dass das Leben selbst heilig ist.

9 Mose oder Der Bund mit Gott (Ex 34.10 ff.)

Wir hören in der Lesung von Mose. Ob Mose wirklich gelebt hat, ist zweitrangig. Das, was von ihm ausgesagt wird, ist Heilsgeschichte, die uns hier und jetzt betrifft. Die wirkliche Bedeutung von Mose liegt nicht in den Geboten, die er dem Volk Israel gegeben hat, sondern in der Verkündigung des Bundes von Gott und Mensch. Er war einer von jenen, die „Heroen" genannt wurden. Ihr kennt den Mythos von Prometheus. Meist sind es Helden, die auf eigene Faust aufbrachen, um die Konfrontation mit den geheimnisvollen Kräften und Wesen zu suchen. Nach bestandenen Gefahren kehrten sie ruhmreich zu den Menschen zurück. Prometheus machte sich auf, um den Menschen das Feuer zu bringen. Andere Helden brachten den Menschen die Weisheit. Es war Krishna, der Arjuna in seinen Unterweisungen zum Universalen Bewusstsein führte. Es war Shakyamuni Buddha, der den Achtfachen Pfad vermittelte. Es war Jesus, der mit dem Gott der Liebe die Menschen von ihrer Angst zu befreien versuchte.

Das Göttliche erfahren. Es war Mose, der umfassende Gotteserfahrungen machte am Berg Horeb unter dem Symbol des Dornbusches und auf dem Sinai, auf dem er 40 Tage verbrachte, bis er mit den Geboten vom Berg der Erleuchtung herunterkam. Es waren außergewöhnliche Menschen, durch die eine Gesellschaft mit Hilfe einzelner Personen den Sprung in eine neue Wirklichkeit machte. Dass er dem Volk Israel eine Gesellschaftsordnung in den 10 Geboten gab, war sicherlich eine weise Tat. Aber Mose war offensichtlich auch ein Mystiker. Er hatte umfassende Gotteserfahrungen. Er zog sich immer wieder auf den Berg in die Einsamkeit zurück. Wenn er vom Berg herabstieg, strahlte sein Angesicht (Ex 34,29), so dass die Leute sich vor ihm fürchteten.

Was war seine mystische Erkenntnis? Es war die Einheit von Gott und Mensch. Shakyamuni hat sie ausgedrückt am Tage seiner Erleuchtung mit den Worten: „Alle Wesen haben von Anfang an die Wesensnatur." Mose drückte es so aus: Gott hat mit den Menschen einen Bund geschlossen. Es ist die Einheit von Gott und dem Volke Israel, die Einheit von Gott und Schöpfung, die er erkannt hatte und die er unter dem Wort „Bund" verkündete. Das Mahl, das wir hier feiern, ist das Bundesmahl. Es ist das Mahl der Einheit von Gott und Mensch. In der Mitte des Mahles heißt es: „Das ist der Kelch des neuen und ewigen Bundes." (Ex 34,10) Immer wieder haben die Propheten auf diesen Bund hingewiesen. So der Prophet Jeremia: „Siehe, es kommen Tage – spricht Jahwe –, da werde ich mit dem Hause Israel einen neuen Bund schließen. ... Ich werde mein Gesetz in ihr Inneres legen und ihnen ins Herz hineinschreiben, und ich werde ihr Gott sein, und sie werden mein Volk sein. Dann brauchen sie sich nicht mehr gegenseitig zu belehren und einer zum andern zu sagen: ‚Erkenne Jahwe!' Sondern sie alle werden mich erkennen, klein und groß, spricht Jahwe." (Jer 31,31 ff.)

Der Bund mit Gott. Was will dieses Wort „Bund" eigentlich sagen? Den Bund schließen zwei Gleichberechtigte. Es bezeichnet etwas, was gebunden ist. Zwei Wesen oder zwei Parteien schließen sich zu einem zusammen und feiern diesen Zusammenschluss in einem Mahlritual. Und zur Erinnerung an diese Gemeinschaft oder Einheit wird dieses Mahl zum Gedächtnismahl. Damit der Bund nicht in Vergessenheit gerät, wird es immer wieder gefeiert. Gott ist gebunden mit allen Menschen, ja, mit der ganzen Schöpfung. Er ist die Form Gottes. Wir sind gottesförmig. Leerheit ist Form und Form ist Leerheit, sagen wir im Zen.

Bund mit Gott, Einheit mit Gott, das gilt für jeden von uns. Bilder der Schrift haben immer Bedeutung für das Hier und Jetzt. Wir sind gemeint mit diesem Bund: Gott – Mensch. Wir sind „Gottmenschen". Es gibt keine Trennung zwischen uns und Ihm. Was hier als zeitlicher Vorgang geschildert wird, ist die Gestalt Gottes und des Kosmos. Wir sind eins mit Gott. In uns drückt er sich aus. In uns wird er ganz. Erst in seiner Schöpfung ist Gott ganz. Er kann nicht anders als sich ausdrücken. Es gehört gleichsam zur Struktur Gottes, dass er sich in Formen kreiert und eingrenzt. Die Schöpfung ist seine Erscheinungsform.

Das Mahl wird zum Symbol der Einheit. Symbol kommt von *symballein*: zusammenfügen. Ihr kennt sicher die Geschichte von den beiden Freunden, die bei der Trennung eine Scherbe auseinanderbrachen. Jeder nahm ein Stück mit. Als einer in Not geriet, schickte er einen Boten mit der Scherbe. Weil die Scherbe in die andere passte, war die Botschaft beglaubigt.

Was wir auf unserem spirituellen Weg suchen, ist die Entgrenzung, damit wir die andere Hälfte von uns erkennen können, die wir „Gott" nennen. Das Göttliche ist gleichsam die eine Hälfte einer auseinander gebrochenen Scherbe, die „Leere", wie wir im Zen sagen. Wir haben vergessen, dass wir die andere Hälfte sind. Dieses Mahl soll uns die Einheit, die Non-Dualität erkennen lassen.

Brot und Wein stehen für den Kosmos. Als Christen bekennen wir, dass wir gleichsam auf dem Altar liegen und der ganze Kosmos mit uns. In uns liegt aber auch Gott gleichsam auf dem Altar, denn Brot und Wein, Mensch und Kosmos können allein nicht erscheinen. Sie sind ja Manifestation dieser göttlichen Urwirklichkeit. Dieses Mahl ist daher nicht eine Belohnung für Fromme und Kirchentreue. Es ist ein Ritual für alle. Niemand hat das Recht, dieses Mahl jemandem, der es nachvollziehen kann, vorzuenthalten. Wenn wir das erkennen, heißt es auch von uns: „Sie brauchen sich nicht mehr gegenseitig zu belehren und einer zum andern zu sagen: ‚Erkenne Jahwe`, sondern sie alle werden mich erkennen, klein und groß, spricht Jahwe." (Jer 31,34) – Wir werden ihn als unser tiefstes Wesen erkennen. –

Hagios gamos. Manchmal wurde dieser Bund als Ehebund dargestellt (*hagios gamos*). Was Mann und Frau verbindet, nennt die spirituelle Tradition „hagios gamos" (Heilige Hochzeit). Es wird die Einheit des Göttlichen mit zwei Menschen symbolisiert. Viele Beispiele aus der Hl. Schrift tun das. So steht z. B. bei Hosea: „Dann wirst du mir angetraut auf immer, angetraut in Gerechtigkeit und Recht, in Liebe und Erbarmen. Du wirst mir angetraut in Treue, auf dass du erkennst, dass ich Jahwe bin." (2,22)

Bei Jesaia heißt es: „Dein Gemahl ist ja dein Schöpfer – Jahwe Zebaot ist sein Name – und dein Erlöser ist der Heilige Israels ... Denn wie ein verlassenes und herzbetrübtes Weib ruft dich der Herr zurück. Kann man die Gattin der Jugend verschmähen?, spricht dein Gott." (Jes 54,5 f.) Der wahre Mensch ist der Gott-mensch, das ist der Mensch, der weiß, dass zu seiner Ganzheit die göttliche Dimension gehört.

10 | Du musst noch ein-mal geboren werden
(Jo 3,1 ff.)

Es war ein Pharisäer namens Nikodemus, ein führender Mann unter den Juden. Er suchte Jesus bei Nacht auf und sagte zu ihm: „Rabbi, wir wissen, du bist ein Lehrer, der von Gott gekommen ist; denn niemand kann die Zeichen tun, die du tust, wenn nicht Gott mit ihm ist."

Jesus antwortete ihm: „Amen, amen, ich sage dir: Wenn jemand nicht von neuem geboren wird, kann er das Reich Gottes nicht sehen." Nikodemus entgegnete ihm: „Wie kann ein Mensch, der schon alt ist, geboren werden? Er kann doch nicht in den Schoß seiner Mutter zurückkehren und ein zweites Mal geboren werden." Jesus antwortete: „Ich sage dir: Wenn jemand nicht aus Wasser und Geist geboren wird, kann er nicht in das Reich Gottes kommen. Was aus dem Fleisch geboren ist, das ist Fleisch; was aber aus dem Geist geboren ist, das ist Geist. Wundere dich nicht, dass ich dir sagte: Ihr müsst von neuem geboren werden. Der Wind weht, wo er will; du hörst sein Brausen, weißt aber nicht, woher er kommt und wohin er geht. So ist es mit jedem, der aus dem Geist geboren ist. Wenn ich zu euch über irdische Dinge gesprochen habe und ihr nicht glaubt, wie werdet ihr glauben, wenn ich zu euch über himmlische Dinge spreche?"

Du musst wiedergeboren werden. Gestern war ich zu einer Geburtstagsfeier eingeladen. Was wünscht man jemandem, der 50 Jahre alt wird? – Ich hielt eine kleine Ansprache. Das Thema war: Vollende deine Geburt! Das heißt nicht, dass wir uns jetzt auf unseren Tod vorbereiten sollen. Alle spirituellen Wege wissen von einer zweiten Geburt, von einer Geburt aus Wasser und Geist, wie Jesus zu Nikodemus sagt. Vollende deine Geburt! Das ist die Aufgabe unseres Lebens. Wir vollenden sie nicht durch Leistung, sondern durch Sein. Die Erfahrung des Seins, die Erfahrung unseres tiefsten Wesens, das ist die Aufgabe unseres Lebens. Geburt ist schmerzhaft. Wer geboren wird, tritt in eine Welt, in der alles anders ist. Die Nabelschnur wird durchgeschnitten. Für die Hebamme ist es ein kleiner Schnitt, für das Kind bedeutet es: „Endgültig und für immer bist du jetzt ein selbstständiger Mensch." –

Wir müssen oft die Nabelschnur durchschneiden, wenn wir zu dem reifen wollen, was in uns angelegt ist. Die geistigen Nabelschnüre sind oft noch stärker als die natürlichen. Immer wieder versucht man festzuhalten, sich abzukapseln, nichts herzugeben. Die Schwaben sagen, dass man mit 40 Jahren gescheit wird. Aber weise wird man offensichtlich erst sehr viel später. Auch wenn man älter ist, heißt das nicht, die Hände in den Schoß legen und warten, bis dich der Tod einholt. Der Weg endet immer wieder im Alltag unseres Lebens.

Aber es geht nicht darum, immer noch mehr zu leisten, es geht vielmehr um das Sein. Ihr kennt die Geschichten von Rabbi Balschem. Als er im Sterben lag, sagte sein Sohn zu ihm: „Wie schön wäre es doch, wenn du sagen könntest, ich bin Abraham, wenn du jetzt vor Gott trittst." Balschem antwortete ihm: „Gott wird mich nicht fragen, Warum warst du nicht Abraham? Er wird mich fragen: Warum warst du nicht Balschem?" Dazu gehören auch die Narben, die uns das Leben schlug. Sie machen uns Menschen zu Individuen. Sie sind die Formung und die Prägung Gottes.

Vollende deine Geburt! Werde, was in dir angelegt ist! Werde ganz Mensch! „Gott" möchte in dir Mensch sein. Unsere Erfüllung liegt nicht im Jenseits nach dem Tod. Wir haben sie hier und jetzt zu finden, indem wir uns öffnen für neue Erfahrungsebenen. Der einzige Grund, warum wir Mensch geworden sind, ist: ganz Mensch zu sein. „Gott" will in uns Mensch sein.

Wir sind durchtränkt von der Idee, es gäbe eine bessere Welt. Wir meinen, es müsse eine Alternative zum Hier und Jetzt geben, das uns offensichtlich nicht genügt. Wir fordern eine ganz andere Schöpfung – die jetzige hat zu viele Unvollkommenheiten. Sie ist, um es deutlich zu sagen, das Werk eines Stümpers. Hätte diese erste Wirklichkeit, die wir Abendländer seit einigen tausend Jahren „Gott" nennen, nicht etwas Besseres bieten können? Wir sind vom Wahn erfüllt, dies alles sei nur vorläufig. Einmal, nach unserem Tod, wird das eigentliche Leben beginnen. Die Religionen bestärken uns in dieser falschen Auffassung von der Welt. Das Eigentliche – sagen sie – kommt erst noch. Im Himmel, später, nach dem Tod, dann kommt die heile Welt.

Das Ja zu unserem Menschsein. Wir finden uns nicht ein ins kosmische Geschehen, wir wehren uns gegen diese scheinbare Auslieferung an Leid, Not und Tod. Geboren werden und Sterben ist die Struktur dieser ersten Wirklichkeit. Kommen und Gehen ist die Grundstruktur der Evolution. Es ist für mich die Entfaltung der Wirklichkeit, die wir „Gott" nennen. Die Frage ist nur, ob wir uns in diese Grundstruktur einordnen können. Die Flucht ins Jenseits, in die kommende heile Welt, ist auch im Christentum noch verbreitet. Gott wollte Menschen, darum sind wir hier. Er will zu dieser Zeit, an diesem Ort, in dieser unserer Gestalt über diesen Planeten gehen. Darum und nur darum sind wir hier, ihn hier und jetzt zu leben. Um das zu begreifen, müssen wir wiedergeboren werden, d. h. unser wahres göttliches Wesen erkennen.

11 | Vor seiner Geburt war Jesus auferstanden

Wir stehen in der österlichen Zeit. Das Thema ist Sterben und Auferstehen. „Tod, wo ist dein Sieg? Tod, wo ist dein Stachel?," fragt Paulus im Brief an die Korinther. (1 Kor 15,55) Ich weiß nicht, wie Paulus dieses Wort verstanden hat. Aber wir haben das Recht, Heilige Schriften für unsere Zeit und nach unserer Welt- und Lebensauffassung auszudeuten. Jesus und Paulus hatten ein ganz anderes Weltverständnis. Sie lebten wahrscheinlich in einer Naherwartung des Weltendes. In einer solchen Vorstellung legt man Heilige Schriften ganz anders aus, redet und schreibt ganz anders, als wir es heute tun mit unserem holistischen Kosmosverständnis.

Eine Geschichte soll uns den Einstieg erleichtern. Ein junger Mann, der von seiner Geliebten getrennt war, schrieb ihr jede Woche einen Brief und hoffte, bald zurückzukehren, um sie zu heiraten. Eines Tages erhielt er von seiner Freundin einen Brief, der ihm kundtat, dass sie den Postboten geheiratet habe. – Auch wir sind mit dem Postboten, mit unserem mentalen Bewusstsein verheiratet. Das mentale Bewusstsein aber ist nur der Briefträger unseres wirklichen Geliebten. Wir nennen es „Gottesbewusstsein", andere Religionen nennen es Sunyata, Wesensnatur oder das Absolute usw.

Mit dem mentalen Bewusstsein verheiratet zu sein bedeutet, mit dem Ich verheiratet zu sein. Mit dem Ich verheiratet zu sein bedeutet, Angst vor dem Tod zu haben. Nur wenn der Mensch sich mit dem zeit- und raumlosen Urgrund allen Seins als eins erfährt, ist er befreit von der Last der Zeit, der Sorgen und der Angst vor dem Tod. Die Ketten der Entfremdung und Sinnlosigkeit fallen ab. Nur die Erfahrung dieser Einheit befreit wirklich. Es geht um eine Entbindung aus der fatalen, fast symbiotischen Einheit mit unserer Egostruktur. Sterben nennt das die Mystik in Ost und West.

Geborenwerden und Sterben. Die Schöpfungsgeschichte sagt uns, dass es einmal keinen Tod gegeben hat. Gott schickte seinen Sohn als Retter, damit er die Schuld ausgleiche und den Tod überwinde, wie er in Jesus Auferstehung überwunden wurde. Diese Auffassung spielt auch im Christentum heute noch eine wichtige Rolle. Wir wissen aber, dass die Struktur der Evolution Geborenwerden und Sterben ist. Es gehört zur Struktur unseres Körpers, dass er sich verbraucht und vergeht. Es gehört zur Struktur der Galaxien, dass sie kommen und gehen. Die Angst vor dem Tod wurde in der Christenheit jahrhundertelang kultiviert.

Wer sein tiefstes Wesen erfährt, erfährt, dass es Geburt und Tod nicht gibt. Das ist die Kernerfahrung jeder echten mystischen Erfahrung. Sterben bedeutet also nur einen Wechsel der Form. Wenn ein Mensch seine Kleider wechselt, bleibt er der gleiche. Wenn wir diese Form wechseln, besteht das, was wir zutiefst sind, Leben Gottes, weiter. Dieses unser tiefstes Wesen wechselt nur die Form, so, wie unser Ich in diesem Leben seine Kleider wechselt. Das Verlangen nach der individuellen Unsterblichkeit des vordergründigen Ich verstellt dem Menschen den Weg zu seinem tiefsten Wesen. Es ist ein letzter Trick, den das Ich erfunden hat, um seine Existenz über den Tod hinaus zu verlängern. Wer den Tod nicht akzeptieren kann oder will, kann auch die Einheit mit dem Urgrund allen Seins nicht erfahren. Eine solche Erfahrung setzt den „Ich-Tod" voraus.

Unsere wahre Existenz. Unsere wahre Existenz ist nicht personal im üblichen Sinn. Personalität bedeutet Abgrenzung. Diese Abgrenzung wurde im Abendland immer überbetont. Unsere wahre

Identität ist, was die Mystik Unio nennt: Einheit. Was Unio wirklich ist, lässt sich rational nicht mehr erklären; das ist die Schwierigkeit, und es macht nicht viel Sinn, darüber zu reden. Darum eckte auch Mystik immer an. Sicherlich geht ein spezifisches Kontinuum über den Tod hinaus und gibt Impulse an eine neue Existenzform weiter, so wie eine Billardkugel, die eine andere anstößt, Impulse an eine zweite weitergibt. Aber es ist nicht dieses Ich des Tagesbewusstseins, dieser Schnittpunkt von Sinneswahrnehmung, Ratio und Gedächtnis, das weitergeht. Es ist ein Bündel von Energien, das weitergeht. In welcher Ausformung es wieder kommt, überlasse ich dieser Urwirklichkeit Gott, als die es sich offenbart. Der Satz der Bhagavad Gita: „Wiedergeboren wird immer nur der Herr", ist meine tiefste Überzeugung. Wiedergeboren wird immer nur dieses göttliche Urprinzip. Es ist nicht unser Leben, das wir leben. Es ist das Leben dieses göttlichen Prinzips.

Die Non-Dualität. Die gleiche Überbetonung der Personalität haben wir auch in Gott hineininterpretiert. Das Ich kreiert einen Gott außerhalb, der wiederum nur Wesen außerhalb von sich erschaffen kann. Er soll dann diese individuelle Unsterblichkeit bei Wohlverhalten garantieren. Wenn dieser personale Gott verschwindet, verliert auch das Ich seinen Halt und versinkt in Angst. Das ist daher das Letzte, von dem der Mensch lassen will, seine Gottesvorstellung und seinen vermeintlichen Halt, den er darin sucht. Die christliche Mystik kennt diesen Zustand als dunkle Nacht, als horror vacui, als Sinnlosigkeit, die den Menschen überfallen kann, wenn er wirklich loslässt. Alle Biographien von Mystikern sind voll davon.

Auferstehung bedeutet nicht ein immerwährendes Fortbestehen der Personalität in einer Art goldverbrämten Himmel. Gott ist nicht Statik. Auferstehung bedeutet Einheitserfahrung mit diesem raum- und zeitlosen Urgrund, den wir Abendländer Gott nennen. Ziel ist also nicht Unsterblichkeit des Ich, sondern Erfahrung der Zeitlosigkeit unseres wahren Wesens, das sich in ganz verschiedenen Formen manifestieren kann. Teresa von Avila sagt: Es ist, wie wenn der Wassertropfen ins Meer fällt. Man kann das Wasser nicht mehr unterscheiden.

Auferstanden vor seiner Geburt. Auferstehung ist also nicht etwas, was sich am Ende unseres Lebens ereignet, Auferstehung ist der Durchbruch in die Erfahrung, dass es Geburt und Tod nicht gibt, sondern nur diesen Wechsel der Form. Auferstehung des Leibes meint nicht, dass wir in dieser menschlichen Struktur wiederkommen, mag sie in unserer Vorstellung noch so ätherisch sein, sondern dass sich diese Urwirklichkeit Gott in jeder Struktur manifestiert und in jeder Struktur als der Urgrund erfahren werden kann.

Manche meinen, die Menschheit gerate dann in einen ozeanischen Brei, eine Art Trancezustand, in dem die kritischen Fähigkeiten verlorengehen. Das Gegenteil ist der Fall. Einheit, Ganzheit, steht nicht in Opposition zur Individualität, sie ist vielmehr die Form, in der sich der Hintergrund und Urgrund manifestieren. Individualität behält daher ihren hohen Stellenwert. Sie ist der einzigartige Ausdruck dieses Urgrundes. Als Christen sagen wir, dass wir nach dem Bild Gottes erschaffen sind. Wir sind also eine individuelle Ausdrucksform dieser Urwirklichkeit; darin liegen unsere Würde und Bedeutung. Und Ziel ist es, sich in jeder Existenzform, sei es Engel, Teufel, Geist oder was es sonst noch geben mag, als Ausdruck dieses zeit- und raumlosen Urgrundes zu erfahren. Doch diese Individualität ist nichts Bleibendes. Sie muss in jeder Existenz neu erfahren werden.

Religion kann dem Menschen den Weg zeigen und sie kann ihm den Weg verstellen. Das Weltbild und Weltverständnis der Menschen verändert sich ständig. Eine Religion hat sich in der Deutung ihrer Lehren mitzuverändern. Sogenannte Wahrheiten werden nicht wahrer, indem man sie ständig unverändert wiederholt. Sie müssen dem jeweiligen Welt- und Lebensverständnis gerecht werden.

Unser fundamentales Dilemma besteht darin, dass jeder sich zutiefst nach Unvergänglichkeit sehnt, sich aber entsetzlich vor dem Verlust dieses vordergründigen Ich fürchtet. Dieses möchte ewig existieren. Weil der Mensch den Tod des Ich nicht annehmen kann, sucht er nach Lösungen, die ihn am Erreichen seines eigentlichen Zieles hindern: Genuss, Wissen, Macht, Ansehen, Überaktivität. Das alles sind primitive Ersatzlösungen, die nie zur Befriedigung führen. Wer etwas besitzt, muss zwanghaft nach dem Nächsten greifen. Der Fehlschlag ist also bereits im Ansatz vorprogrammiert. Der Mensch kann die Illusion, ewig, stabil, beständig und unsterblich zu sein, nicht aufrechterhalten. Es zerrinnt ihm alles, was er zu besitzen glaubt, wieder zwischen den Händen. Er muss nach dem Nächsten jagen.

Unsere wahre Identität. In der Erfahrung unseres wahren Wesens liegt auch die Lösung unserer persönlichen Fragen. Wer den Urgrund des Seins erfährt, wird auch seine psychischen, körperlichen und geistigen Probleme mit anderen Augen anschauen können. Die Weltsicht verändert sich, und die Wertordnung verschiebt sich. Was wir Gottheit oder Leerheit, das Absolute oder das Numinose nennen, ist das, was sich vollzieht im evolutionären Geschehen. ES ist der Tanz des Alls. ES tanzt das, was wir Schöpfung nennen. ES macht es nicht, ES tanzt es. Tanz und Tänzer sind Nicht-Zwei. Sie können aber nur zusammen auftreten. Wo Tanz ist, ist auch der Tänzer. Wo ein Tänzer ist, ist auch Tanz. Wir sind ein „Tanzschritt Gottes". Der Urgrund offenbart sich in Form und Struktur, sonst ist er nicht erfahrbar. Es ist ein zeitloses Geschehen. Ewigkeit ist nicht eine sehr lange Zeit, Ewigkeit ist Zeitlosigkeit. Das große Andere, Gott, ist nicht etwas Außenstehendes, sondern der zeitlose Urgrund dessen, was wir Evolution nennen.

In diesen Erfahrenszustand zu gelangen ist die tiefste Sehnsucht des Menschen, ob er darum weiß oder nicht. Jeder Mensch hat eine Erinnerung an seinen Urgrund, eine Ahnung, dass da etwas auf ihn wartet, was seine wahre Heimat bedeutet. Es ist das Urwissen der Mystik. „Der Ruf des Kuckucks lockt uns nach Hause", sagt ein Zenwort. Der Mensch sucht lange außen, in Dingen, in einer Partnerschaft, in einem personalen Gott, bis er merkt, dass das alles nur die Lockmittel des ewig Zeitlosen sind, die ihn zur Heimkehr rufen. Vielleicht seid ihr jetzt geneigt zu sagen, das waren auch wieder nur Worte und Bilder. Ihr habt vollkommen recht, aber es waren Worte und Bilder, in denen ich mich als Mensch des 21. Jahrhunderts daheim fühle.

12 | Wir Auferstandene vor unserer Geburt

Was wäre, wenn sich die These, die jetzt in manchen Büchern vertreten wird, bewahrheitet: Jesus starb nicht wirklich am Kreuz, sondern ging nach Indien. Dort wurde sogar sein Grab gefunden? – Was wäre, wenn wir historisch nachweisen könnten, dass die Gebeine Jesu gefunden wurden? Wäre dann unser Christentum nur ein übler Scherz?

Ostern war ein Ereignis, das in den Jüngern stattfand. Beweise für die Auferstehung gibt es nicht. Auferstehung beschreibt kein Erleben, das in Kategorien von Raum und Zeit einzuordnen ist. Wer die Auferstehung aus der Ebene der Symbolik entlässt und sie ins Historische drängt, missversteht die Botschaft. Die Osterbotschaft wird von Menschen bezeugt, die Jesus als den Weiterlebenden, den Unsterblichen erfahren haben. Das leere Grab, der Engel, der Gang nach Emaus sind nur Ausdrucksformen für diese innere Erfahrung. Das Wort *ophte* (offenbaren) (1 Kor 15,5) deutet an, dass Jesus nicht einfach von den Jüngern gesehen wurde. Er wurde ihnen offenbart, kundgetan.

Es muss also nicht eine Begegnung mit einem leibhaftigen Gegenüber gewesen sein. Auch wenn das so in den Evangelien geschildert wird, z. B. Thomas legte seine Hand in die Seite, Jesus aß. Es war wohl vielmehr eine innere Erfahrung. „Da gingen ihnen die Augen auf." Es geht also nicht um magische, parapsychische, mirakulöse Erfahrungen, sondern um eine innere Gewissheit. Auferstehung ist eine Erfahrung der Jünger, dass dieses Leben nicht alles ist, dass sie so, wie dieser Jesus, in eine neue Existenz einging, auch in eine neue Seinsweise gehen werden. Leben kann nicht sterben. Es wird weitergehen.

„Wiedergeboren wird immer nur der Herr." Dieses Wort steht in der Bhagavad Gita: Unser vordergründiges Ich geht nicht in die neue Existenz. In einer neuen Existenz kann dieses Leben Gottes erneut in eine Form gehen. Aber es muss nicht dieser Form gleichen, die wir jetzt besitzen. Wir sind so ichverkrampft, dass wir meinen, dieses Ich ewig retten zu müssen. In diesem Ich liegt nicht unsere Identität. Wir überbetonen es. Unsere wahre Identität liegt viel tiefer. Es fällt uns schwer zu begreifen, dass es das göttliche Leben selber ist, ganz gleich, in welcher Form wir auferstehen sollten. Im Grunde geben wir Gott, geben wir diesem göttlichen Leben keine Chance. Wir versuchen es mit unserem Ich ständig einzudämmen und in Schach zu halten.

Die Jünger haben die Grenze zwischen Tod und Leben in der Erfahrung überschritten. Sie machten eine Erfahrung, wie sie sich in den mystischen Erfahrungen finden. Auferstehung ist nur ein anderes Wort für Nirvana, Himmel, Sunyata, das Absolute, ewiges Leben. Es geht immer nur darum, dieses ewige Leben zu erfahren, gleich, in welcher Form wir nach dem Tod auftauchen sollten.

Es gibt keinen Tod. Wenn der Mensch die Eingrenzung seines Ichbewusstseins überschreitet, kommt er in einen Erfahrensraum, dem er viele Namen gegeben hat. Diese Namen benennen alle das Gleiche: Es gibt keinen Tod; Sterben ist nur das Tor in die Erkenntnis unseres wahren Wesens.

Es ist schwer verständlich, warum Menschen nach dem Tod immer nur in dieser menschlichen Form auftauchen wollen. Dabei kenne ich keinen, der in dieser Form ewig leben möchte. Wenn man heute die Gebeine von Jesus finden würde und nachweisen könnte, er ist im Grab verwest, was wahrscheinlich ist, würde das an meinem Glauben an Jesus Christus nichts ändern. Die Erfahrung der Auferstehung hat mit seinen Gebeinen nichts zu tun. Es ist eine Erfahrung, die jeder Mensch machen kann. Es ist die Erfahrung, dass sein tiefstes Wesen göttlich ist und daher nicht sterben kann. Die Aussage ist klar. Unser Leben endet nicht mit dem Tod. Wir erfahren nur unsere wahre Existenz. Und das feiern wir hier in diesem Mahl. Wir feiern Tod und Auferstehung Jesu, und wir feiern unseren eigenen Tod und unsere eigene Auferstehung in diesem Mahlmysterium. Wir feiern hier, was wir zutiefst sind: Auferstandene, auch wenn es noch nicht offenbar geworden ist.

„Bevor es Garten, Weinstock oder Rebe gab in dieser Welt, war unsere Seele bereits trunken vom Wein der Unsterblichkeit."(Rumi) – „Vor seiner Geburt war Jesus auferstanden. Sterben gilt nicht für Gott und seine Kinder. Wir Auferstandene vor unserer Geburt." (Rose Ausländer)

13 | Reich Gottes oder Koevolution

„Das Reich Gottes gleicht einem Fischernetz." (Mt 13,47) Was hat Jesus wohl mit dem Wort „Reich Gottes" gemeint? Das Reich Gottes ist kein Platz irgendwo im Weltenraum, es ist auch nicht die geistige Gemeinschaft derer, die glauben. Es muss etwas sein, an dem alle Menschen und Geschöpfe partizipieren. Denn warum sollte so etwas nur für eine kleine Gruppe von Auserwählten existieren? Das Reich Gottes ist das, was wir den Kosmos selber nennen. Es ist jene holistisch zu verstehende Lebensgemeinschaft, die sich in einer ungeheuren Koevolution entfaltet. Reich Gottes – Koevolution des Kosmos – vielleicht sträubt sich etwas in euch, auf einen so unreligiösen Begriff, der aus der Naturwissenschaft stammt, überzugehen.

Was meine ich damit?

1. Wir wissen heute, dass niemand und nichts gesondert existiert. Wie in einem Fischernetz hängt alles zusammen. Keine Masche ist isoliert, ganz gleich, an welcher Ecke man zieht, das ganze Netz bewegt sich. Das Reich Gottes ist wie ein Fischernetz, in ihm ist alles gefangen, das Gute wie das Böse: Engel, Teufel, Mensch, Tier, Pflanze, Materie. Es ist diese holistische Wirklichkeit, die wir Evolution des Kosmos nennen.

2. Wir können nicht eintreten, wir sind im Reich Gottes. Das Ich ist eine einzelne Masche, eine Auskristallisierung in diesem universellen Lebensgefüge. In dieser Auskristallisierung aber liegt gleichzeitig auch die einmalige Bedeutung. Das Unendliche sucht die endliche, individuelle Form, um sich zu verwirklichen.

3. Wir Menschen haben einen wichtigen Lernschritt vor uns. Es geht nicht in erster Linie um eine individuelle Entfaltung der Persönlichkeit, wie uns oft gepredigt wird, sondern um eine Koevolution mit dem ganzen Universum. Es gibt im großen System des Kosmos Organisationsmuster. Die Spezies Mensch gehört zu solch einem untergeordneten Organisationsmuster, das sie von vielen Erscheinungen abhängig macht. Eine solche Erkenntnis bewahrt uns vor der Hybris, wir seien die Mitte des Universums, und vor der Angst, bedeutungslos unterzugehen. Richtig verstanden sind wir so auch immer die Mitte.

4. Eine wichtige Erkenntnis ist: Im Reich Gottes kann man sich nicht allein entwickeln. Wer sich allein außerhalb der allgemeinen Vernetzung entwickeln will, isoliert sich und schadet dem Organisationsmuster und letztlich sich selber. Im Übrigen kann niemand ganz aussteigen. Wir sind z. B. Teil unserer Beziehungsstrukturen und die Beziehungsstrukturen sind Teile von uns. Der Entwicklungsprozess vollzieht sich in ständigem Austausch mit unserer äußeren Umgebung und unseren innerseelischen Prozessen.

Deswegen ist aber nicht Auflösung der Individualität das Ziel im Reich Gottes. Individualität und Ganzheit sind nicht Begriffe, die sich ausschließen. Sie sind koexistent. Die einzelne Masche des Netzes verschwindet nicht. Sie ist fester Bestandteil des Ganzen. Gott offenbart sich im Menschen als Mensch und im Baum als

Baum. Das Ich bleibt in einer höheren Einheit lebendig, so dass die beiden Aspekte nicht mehr als Gegensätze erfahren werden. Im Endlichen erfährt das Unendliche Sinn. Im Einzelnen vollzieht sich das Ganze.

Reich Gottes – das umschließt alle Möglichkeiten des Universums. Es sind die Möglichkeiten Gottes selber. Wir stehen in einem gewaltigen, übergreifenden Prozess, und das Ziel dieses Prozesses ist Selbstverwirklichung des göttlichen Prinzips in der Vielzahl der individuellen Formen. Das Universelle verwirklicht sich im Individuellen und das Individuelle im Universellen.

5. Reich Gottes – das ist dieses Fischernetz, das ist Koevolution des göttlichen Prinzips. Koevolution bedeutet nichts anderes als wachsen in Beziehung und Gemeinschaft. Wir brauchen das Gegenüber zur Selbstwerdung. Wir brauchen den ganzen Kosmos zur Selbstwerdung. Das Ich verwandelt sich in Beziehung mit dem anderen. Wir werden Mensch in der Begegnung. Selbstverwirklichung wird mehr und mehr zur Koevolution. Je mehr wir uns selbst verwirklichen, desto weniger autonom werden wir, um so mehr öffnen wir uns in Liebe zu allem anderen.

6. Unser tiefstes Wesen entwickelt sich nicht allein aus sich selber. Es bedarf der Provokation durch die Interaktion mit der Umgebung, also der Bezugspersonen, der Religion, der Gesellschaft. Wie viel ein Mensch von seinen Anlagen zur Entfaltung bringt, hängt also sehr stark auch von der Provokation von außen ab und von der Öffnung zum anderen hin und nicht zuletzt von der Liebe und Zuwendung.

Solange die Illusion eines getrennten Ich besteht, besteht auch der Gegensatz zur Natur. Wer die Welt nur aus der Sicht seines Ego-Gefängnisses betrachten kann, also aus der Sicht seiner Begierden und Bedürfnisse, bleibt abgesondert. Der Mystiker erfährt die Bezogenheit auf alles Existierende. Wer sich auf seine Wesensmitte beziehen kann, erfährt sich nicht mehr vereinzelt, sondern als das Eine. Dieses Eine ist das Zentrum des Universums.

Wir haben im Laufe unseres Lebens Weichen gestellt. Ich wage zu behaupten, dass es keine große Rolle spielt, welche Weichen wir gestellt haben, wohl aber, dass jedes Gleis, auf dem wir uns entschlossen haben zu fahren, ungeahnte Möglichkeiten in sich birgt. Alles, was uns begegnet, kann zur Erweckung neuer Möglichkeiten dienen. Es kommt allerdings darauf an, dass wir uns nicht nur als abgegrenzte Einheiten sehen. Wir sind ein Kristallisationspunkt des göttlichen Lebensstromes.

14 Die selbstwachsende Saat

„Mit dem Reich Gottes ist es so, wie wenn ein Mensch den Samen auf das Land wirft und schläft und aufsteht, Nacht und Tag, und der Same sprießt hervor und wächst, er weiß selbst nicht wie. Die Erde bringt von selbst Frucht hervor, zuerst Gras, dann eine Ähre, dann vollen Weizen in der Ähre. Wenn aber die Frucht es zuläßt, so schickt er sogleich die Sichel, denn die Ernte ist da." (Mk 4,26 ff.)

Was tun wir hier? Wenn wir einen spirituellen Weg gehen, lassen wir alle Symbole und Bilder hinter uns. Aber alle spirituellen Wege haben auch Rituale. Rituale sollen in die Tiefe des Seins führen. Symbole und Rituale führen zusammengehörende Teile zueinander. Sie sind gleichsam die Nahtstelle zwischen Natur und Übernatur, zwischen Geist und Materie, zwischen Gott und Mensch. Ein Symbol übersteigt Ratio und Sinne und repräsentiert eine mehrdimensionale Wirklichkeit mit großer Kraft. Es bringt eine Tiefendimension zum Schwingen, die dem Verstand verschlossen bleibt. Symbole und Rituale reichen in Ebenen hinein, die über eine verbale Mitteilung hinausgehen. Sie bringen in uns etwas zum Klingen, was da ist und auf einen Anstoß wartet. So wollen wir auch die Feier des Lebens sehen als ein uraltes Ritual: das Ritual des Mahles.

Wir wirken durch das, was wir sind. Viele unserer Gottesdienste folgen dem allgemeinen Grundgesetz der Rationalisierung unseres Lebens: Unser Alltag ist durchrationalisiert bis zum Letzten: am Arbeitsplatz, im Haushalt, im Verkehr, beim Arzt, ja selbst im Urlaub. Wir sind auch im spirituellen Leben gedrillt auf Zweck, auf Erreichenmüssen. Wir sind auch in der Religion besessen vom Kampf der Aktion und der Machbarkeit. Wir sind so arm an absichtsfreien Zeiten. Es fällt uns schwer, nur da zu sein. Vor ein paar Tagen besuchte mich ein Pfarrer. Er erkundigte sich nach dem, was wir hier tun. Er erzählte, wie ausgepumpt er sich fühlt. Er hoffte, hier etwas zu finden. Immer wieder fragte er: Kann ich das für die Gemeinde brauchen? Wie kann ich das verwerten, wenn ich hierher komme? Es ist mir kaum gelungen, ihm klar zu machen, dass er auf dem Benediktushof nur etwas für sich bekommen kann, dass hier etwas mit ihm selber passiert, wenn er sich einlässt. Und wenn in ihm etwas passiert, dann passiert auch in der Gemeinde etwas, und zwar durch das, was er ist und was von ihm ausgeht.

Wir haben gerade die Botschaft Jesu gehört, dass Menschen nichts weiter zum Heranwachsen tun müssen, als ihr Innerstes sich entfalten zu lassen. „Es wird Tag und es wird Nacht, der Samen keimt und wächst, und der Mann weiß nicht wie." Jesus vermeidet die Moral. Er hebt nicht den Zeigefinger. Er ruft nicht zur Aktion auf. Wenn er von Metanoia – von Umkehr – spricht, dann meint er die Wendung nach innen. „Du musst wieder geboren werden", sagt er Nikodemus. „Wahrlich, wahrlich, ich sage dir: Wenn einer nicht von neuem geboren wird, kann er das Reich Gottes nicht schauen." (Jo 3,3) Das heißt: Du musst deine zweite Geburt erleben. Du musst erkennen, dass du mehr bist als diese äußere Gestalt.

Wachsen wie ein Samenkorn. Mit dem Reich Gottes verhält es sich wie mit der Saat, die von selbst wächst, sagt Jesus. Ist das nicht gleichbedeutend mit dem alten Axiom: Mensch, erkenne, wer du bist. Unser tiefstes Wesen weiß, wer wir sind. Weiß auch, wie wir uns zu entfalten haben. Wenn es uns nur gelänge, aus dieser Tiefe heraus zu wachsen wie ein Samenkorn, das weiß, wie es zu werden hat. Wir probieren alle möglichen Schädlingsbekämp-fungsmittel. Wir meinen, wir müssten das Unkraut immer gleich ausreißen. Wir können nicht warten, bis die Ernte reift.

Würden wir uns mehr der Sonne und dem Regen öffnen. Wür-den wir uns Zeit für uns nehmen und füreinander, wir kämen viel weiter. Gott ist das Innerste dessen, was wir Menschen Evolution nennen. Die Saat wächst „automatisch". Das griechische Wort heißt tatsächlich so: *automatae*. Der Same ist vom Sämann gesät. Er schläft und steht wieder auf, es wird Nacht und wird Tag, der Samen keimt und wächst, und der Mann weiß nicht wie. Die Erde bringt von selbst ihre Frucht.

15 | Spaltet ein Stück Holz und ich bin da

„Jesus sprach: ... das Reich ist in euch und außerhalb von euch. Wenn ihr euch erkennt, werdet ihr erkannt werden und werdet erkennen, dass ihr Söhne des lebendigen Vaters seid. Wenn ihr euch aber nicht erkennt, so seid ihr (geistig) arm. (3) – Jesus sprach: Wenn man zu euch sagt, woher seid ihr geworden? Sagt zu ihnen: Wir sind aus dem Licht gekommen, dem Ort, wo das Licht geworden ist aus sich selbst. – Wenn man euch sagt: Wer seid ihr? Sagt: Wir sind seine Söhne und Töchter und wir sind die Erwählten des lebendigen Vaters. – Wenn man euch fragt: Was ist das Zeichen eures Vaters an euch? Sagt ihnen: Bewegung ist es und Ruhe. (50) Seine Jünger fragten ihn: Wann wird die Ruhe ... eintreten und wann wird die neue Welt kommen? Er antwortete: Die neue Welt ist schon gekommen. Aber ihr erkennt sie nicht. Spaltet ein Stück Holz und ich bin da. Hebt einen Stein auf und ihr findet mich dort." (Thomasevangelium 77)

Religion sollte uns sagen, wer wir sind und was der Sinn unseres Daseins ist. Sie sollte uns nicht Angst machen vor einem rächenden Gott, der uns am Ende unseres Lebens richtet. Es ist schlimm, wie dieses infantile Gottesbild immer noch in den Köpfen spukt und den Menschen Angst macht. Wenn wir uns dagegen an die tröstlichen Bilder halten – und es sind Bilder, noch nicht die Wirklichkeit selber –, die uns gerade in dieser Lesung aufgezeigt worden sind, werden wir nicht in Angst vor einem Richter sterben: „Wir sind seine Söhne und Töchter und wir sind die Erwählten des lebendigen Vaters."

Wir gehören in diese Familie „Gott". „Gott" ist gleichsam unser Nachname. Und wenn man uns fragt: Woher seid ihr?, können wir antworten: „Wir sind aus dem Licht gekommen." Es ist das Licht, das durch diese unsere Augen schaut – oft verdunkelt und entstellt, aber es ist das göttliche Licht. Licht ist das Symbol für Gott. Im 1. Kapitel des Johannesevangeliums wird Licht und Leben Gottes gleichgesetzt. „In ihm war das Leben, und das Leben war das Licht der Menschen. ... Das war das Licht, das jeden Menschen erleuchtet. Er kam in sein Eigentum ... und allen, die ihn aufnahmen, gab er Macht, Kinder Gottes zu werden." (Jo 1,4 ff.)

Wir sind aus dem Licht gekommen. Wir sind aus dem Licht gekommen und dorthin werden wir zurückkehren. Wir sind nicht aus dem Willen des Fleisches, sondern aus Gott geboren (Jo 1,13). Ich hoffe und wünsche, dass uns unser Christentum so verwandelt, dass wir frei von Angst über diese Schwelle treten können, die uns von der nächsten Existenz trennt. Wir kehren nur dorthin zurück, wo wir hergekommen sind. Aus dem Licht sind wir gekommen, wir werden es wiedererkennen, wenn es uns in der Stunde des Todes begegnet. Das üben wir hier ein auf den spirituellen Wegen, das Wiedererkennen des göttlichen Lichtes, das ein Symbol ist für das göttliche Leben in uns. Es ist nur eine Türschwelle, die wir überschreiten müssen. Wir haben in unserer Religion zu viel vom Tod geredet und von der Sünde und zu viel vom Gericht, wir haben jedoch zu wenig vom ewigen Leben und vom ewigen Licht gehört, obwohl die Schrift voll davon ist.

Wiedergeboren wird immer nur das Göttliche selber. Es wird heute so viel von Reinkarnation gesprochen und von der Sorge, was wohl aus uns wird, wenn wir von drüben wiederkommen werden, als was wir wiedergeboren werden. Sollte es eine Wiedergeburt geben, ist es immer nur dieses Licht, das wiedergeboren wird, ganz gleich, in welcher Existenz wir uns befinden sollten. Wiedergeboren wird immer nur das göttliche Leben. Und es ist die Hausaufgabe unseres Lebens zu erkennen, dass die Form, die wir sind, nichts anderes ist als eine Manifestation dieses göttlichen Lebens.

Warum geht diese Erkenntnis, dass es den Tod nicht gibt, nicht wie ein Lauffeuer um die Erde? Deswegen wohl nicht, weil unser vordergründiges Ich, das uns für die Reise durch dieses Leben gegeben ist, sich so dominierend aufspielt. Es möchte ewig leben. Aber dieses Ich ist uns nur für diese kurze Reise auf der Erde gegeben. Wir brauchen es nicht in einer anderen Existenz. Unsere Identität ist nicht an dieses Ich gebunden. Unsere Identität ist das Leben Gottes, das im Evangelium mit Licht bezeichnet wird. Wenn wir unsere wahre Identität erkennen, verlieren wir alle Angst. Sie ist nicht irgendwo, sie ist im Hier und Jetzt. *„Spaltet ein Stück Holz und ich bin da. Hebt einen Stein auf und ihr findet mich dort."*

Die neue Welt ist schon da. „Wann wird die neue Welt kommen?", fragten die Jünger Jesus. Und Jesus antwortete: „Die neue Welt, die ihr erwartet, ist schon da, aber ihr erkennt sie nicht."Das ewige Leben ist da, das Licht ist da, aber wir erkennen es nicht. Und darum haben wir Angst. Ich hoffe, dass trotz Angst und Schmerz in uns allen, auch in den dunklen Stunden, eine Ahnung von diesem Licht bleibt, das in uns leidet, hofft und arbeitet. Und dieses Licht hat auch in Jesus Christus gelitten bis hin zum Wort am Kreuz, „Gott, mein Gott, warum hast du mich verlassen?" Aber dies war nicht sein letztes Wort. Ich hoffe, dass unser aller Leben enden kann wie das seine: „Vater, in Deine Hände empfehle ich meinen Geist." Wiedergeboren wird immer nur dieses Licht.

16 | Weihnachten oder Unsere Geburt aus Gott

Wir feiern das Geburtsfest eines Menschen, der erkannt hat, dass er der Christus ist, der Gesalbte, der Göttliche. Er wird sagen: „Ich und der Vater sind eins", und: „Ich bin das Licht der Welt", und er wird uns einbeziehen und uns zurufen: „Das Reich Gottes ist in euch." Das alles gilt auch von euch. „Das wahre Licht, das jeden Menschen erleuchtet, kam in die Welt." – „Allen, die ihn aufnahmen, gab er Macht, Kinder Gottes zu werden." Wir alle sind aus Gott geboren. Wir nennen Gott unseren Vater, wir nennen uns Brüder und Schwestern Jesu Christi. Wir gehören in diese Familie Gott. Es geht in der Weihnachtszeit nicht darum, einen Geburtstag zu feiern. Wer in der Geschichte stecken bleibt, tötet das Lebendige der Botschaft dieser Nacht. Religiöse Botschaft bezieht sich nicht auf historische Tatsachen.

Heute ist euch der Heiland geboren; nicht damals vor langer Zeit. „Wär' Christus tausendmal in Bethlehem geboren und nicht in dir, du wärst doch ewiglich verloren." (Angelus Silesius) Im Weihnachtsfest vollzieht sich – wie in allen christlichen Festen – der Mythos von der Entfaltung des Ewigen in der Zeit. Was der Mythos erzählt, sollen wir heute an uns erkennen. Die Fleischwerdung des

Göttlichen in Jesus ist der Modellfall für alles Lebendige. Auch wir haben Christus zu werden, besser zu erkennen, dass wir Christus sind, d. h. Gesalbte. Im Zen sagt man: „Jemand, der in seinen eigenen Geist sieht und zu seiner wahren Natur erwacht, sieht, dass er selbst von Anfang an Buddha ist und nicht zum erstenmal Buddhaschaft erlangt."

Jemand, der in seine wahre Natur sieht, erfährt, dass er das Christusbewusstsein von Anfang an hat und nicht erst geschenkt bekommt. Wie Jesus ist es auch uns in der Taufe bestätigt worden. Wir feiern dieses Fest, damit wir begreifen, dass auch wir „Gottessöhne" und „Gottestöchter" sind, dass auch wir „Gottesmenschen" sind und dass auch über uns bei der Taufe gesprochen wurde: „Dieser ist mein geliebter Sohn, diese ist meine geliebte Tochter." – Wir feiern dieses Fest, damit wir bei all unserer Plumpheit, Erdhaftigkeit und Dummheit doch merken, dass wir göttlichen Ursprungs sind.

Wir sind gemeint in der Weihnachtsnacht. Es geht um eine Ausweitung eines solchen Christusbewusstseins auf alle Menschen. Ob es von den einen Buddhanatur genannt wird und von den anderen Krishnabewusstsein, ist dabei sekundär. Es ist nur eine andere Bezeichnung dieses göttlichen Funkens in uns. Es ist die Botschaft aller Religionsstifter: Krishna, Zoroaster, Buddha, Mohammed, Jesus. Sie verkündeten entsprechend ihrer Zeit und ihrer Kultur die gleiche Wahrheit. Heute sollen wir diese Botschaft als ewig gültige Wahrheit erkennen. Wir sind gemeint in der Feier dieser Heiligen Nacht.

Eckehart sagt es auf seine Weise: „Alles, was die Hl. Schrift über Christus sagt, das bewahrheitet sich völlig an jedem guten und göttlichen Menschen." (Quint 451,12) – „Die Leute wähnen, Gott sei nur dort (bei seiner historischen Menschwerdung) Mensch geworden. Dem ist nicht so, denn Gott ist hier (an dieser Stelle hier) ebenso wohl Mensch geworden wie dort, und er ist aus dem Grunde Mensch geworden, dass er dich als seinen eingeborenen Sohn und seine eingeborene Tochter gebäre und als nicht geringer." (Quint 357,20)

Wir feiern unsere Geburt aus Gott. An uns bewahrheitet sich heute, was sich an Jesus bewahrheitet hat. In der Geburt dieses Kindes feiern wir unsere göttliche Geburt. Dieses Weihnachtsfest soll uns unseren transzendenten Ursprung lehren und uns so unsere eigentliche Würde erfassen lassen. Es will uns die Identität mit Jesus Christus nahebringen, damit Christus auch in uns Gestalt annimmt und wir erkennen, dass wir ein anderer Christus sind. (Paulus, Gal 4,19) Das ist die wichtigste Aufgabe unseres Lebens. Und nur dann, wenn wir das erkennen, werden wir auch entsprechend handeln. Die Moral kommt aus der Erkenntnis unserer Würde. Wir werden nicht würdig, weil wir uns moralisch gut verhalten. Wir sind würdig. Wenn wir erfahren, wer wir sind, werden wir uns auch entsprechend verhalten.

Wir feiern dieses Fest, damit auch uns eines Tages aufgeht: „Ich und der Vater sind eins", „Das Reich Gottes ist in uns", „Ich bin das Licht der Welt"und „Philippus, wer mich sieht, sieht den Vater." Dieses Fest zeigt uns die Lichtseite unserer Existenz, damit wir wirklich antworten können: „Wir sind aus dem Licht gekommen" und „Wir sind seine Söhne und Töchter, die Erwählten des ewigen Vaters." (Thomasevangelium) Die Schattenseiten des Menschen werden uns jeden Tag ins Bewusstsein gerufen. – So ist die wichtigste Aufgabe der Zukunft, die Menschen ihre transzendente Identität zu lehren und sie so zu ihrer eigentlichen Würde zu führen. Das ist auch die wahre Aufgabe aller Religionen. Es ist auch die einzig wichtige Aufgabe unseres Lebens und der tiefe Sinn der Weihnachtszeit.

Das wahre Licht, das alle erleuchtet,
Kam in diese Welt der Menschen.
Es leuchtete in der Finsternis.
Die Finsternis hat es nicht begriffen.
In ihm war das Leben
Und das Leben war das Licht der Menschen.
Allen, die ihn aufnahmen,
Gab er Macht, Kinder Gottes zu werden.

17 Achtsamkeit oder Das Sakrament des Augenblicks

Caussade, ein französischer Mystiker, schreibt in seinem Buch „Hingabe an Gottes Vorsehung" Folgendes: „‚Gott weilt wahrhaft an diesem Ort, und ich wusste es nicht‘, sprach einst Jakob. So suchst auch du Gott, und dabei ist er überall. Alles verkündet ihn dir. Alles schenkt ihn dir. Er ging dir zur Seite, er umgab dich, er durchdrang dich und weilte in dir ... und du suchst ihn! Du bemühst dich um eine Vorstellung von Gott und besaßest ihn dabei wesentlich. Du jagst der Vollkommenheit nach, indes sie in allem liegt, was dir ungesucht begegnet. In Gestalt deiner Leiden, deines Tuns, der Antriebe, die du empfängst, tritt dir Gott selber entgegen. Dieweil bemühst du dich umsonst um erhabene Vorstellungen, mit denen er sich nicht bekleiden will." (S. 146)

„Wenn es sich aber so verhält, was steht dann noch im Wege, dass jeder Augenblick unseres Lebens eine Art **Kommunion** mit der göttlichen Liebe sei und dass diese Kommunion jeden Augenblick in unserer Seele ebensoviel hervorbringe wie die, welche uns den Leib und das Blut des Gottessohnes anvertraut? – Zwar kommt dieser eine sakramentale Wirkung zu, die jener abgeht. Doch wie viel häufiger lässt sich jene erneuern und wie verdienstlich kann sie werden, wenn sie mit einer vollkommenen Seelenverfassung empfangen wird." (S. 68/69)

Caussade, kommt auf die Eucharistie zu sprechen, um das auszudrücken: „Wie fehl geht man tatsächlich, wenn man Dich (Gott) nicht in allem sieht, was gut ist, und in allen Geschöpfen. Warum Dich also in anderen Dingen als in denen suchen wollen, durch die Du Dich mitteilen willst? Sucht man Dich in der Eucharistie unter anderen Gestalten als unter denen, die Du für Deine sakramentale Gegenwart gewählt hast?" (S. 147)

Der andere Gott. Unser eigentliches Problem in den theistischen Religionen ist das Auseinanderfallen der Welt in Oben und Unten, in Gott und Mensch, in Geist und Materie. Wir sagen, Gott hat diese Welt erschaffen als etwas, was außerhalb von ihm liegt. Er hat sie geformt, wie man eine Statue aus Lehm formt. Dieser Statue hat er Geist eingehaucht. Sie ist jetzt bis zu einem gewissen Grad selbständig und kann Gutes und Böses tun. Sie kann sich gegen ihn auflehnen; dann wird er zornig und bestraft sie. Und weil sie einmal sehr unartig war und ganz von ihm abgefallen ist, hat er seinen Sohn geschickt, um die Menschen zu erlösen. Wer sich aber nicht bekehrt, kommt ewig in die Hölle. Dieses Gottesbild hat in vielen Menschen eine Neurose erzeugt: Angst vor dem Tod, vor dem Gericht, vor der Hölle usw. Das ist ein kindliches Gottesbild und macht Gott zu einer Chimäre, zu einem Schulmeister, zu einem Kontrolleur, zu einem grotesken Wesen, das jeder Beschreibung spottet. Bis zum heutigen Tag leiden wir unter diesem verunstalteten Gottesbild.

Materie ist geronnener Geist, sagt die Physik. Die Naturwissenschaft hat die Einheit des Universums, die Einheit von Bewusstsein und Materie erforscht. – Die Quantentheorie hat uns vom Dualismus befreit. Sie hat ein neues Paradigma gebracht: Bewusstsein und Materie sind nur die zwei Enden der Wirklichkeit. Ihrem Wesen nach gehören sie zusammen. Es gibt keine reine Objektivität. Der Beobachter gehört zum System. Die Botschaft der Quantentheorie ist „Holismus". Nichts kann aus dem Ganzen und Einen herausfallen. Die theistische Theologie tut sich sehr schwer, diesem Paradigma zu folgen. Damit soll kein naturwissenschaftlicher Gottesbeweis gefordert werden. Wenn sich unsere Vorstellungswelt verändert, sollten uns aber auch die Religionen mit zeitgenössischen Deutungen helfen.

Ein Tanzschritt des Tänzers Gott. Wir haben heute ein ganz anderes Weltbild als früher. Dieses Weltbild verlangt eine andere Vorstellung von einer Ersten Wirklichkeit. Ich habe euch schon oft das Bild vom Tanz gebracht. Was wir Gott nennen, ist Tanz und Tänzer. Man kann sie nicht auseinandernehmen, so wenig kann man Bewusstsein und Materie auseinandernehmen. Wir sind ein unverwechselbarer Tanzschritt dieses „Tänzers Gott", einmalig individuell, besonders und unverwechselbar, darin liegt unsere Würde. Aber wir sind nicht losgelöst vom Tänzer.

Was ist die Konsequenz aus einer solchen Überzeugung? Der Augenblick ist die Offenbarung dieser ersten Wirklichkeit. Wir haben gestern Abend begonnen mit dem Satz: „Gott ist unter meinen Füßen." Gott ist dieser Schritt, dieser Atemzug, auch wenn wir das nicht, noch nicht erfahren können. Es ist schon gut, darum zu wissen. Auf dem Benediktushof wollen wir nichts anderes, als Menschen in die Erfahrung des Augenblicks zu führen: des Augenblicks als das Ursakrament. Im Augenblick begegnen wir dieser Ersten Wirklichkeit, die wir „Gott" nennen.

18 | Unsere wahre Heimat

„Jesus sprach: Ein Mensch hatte zwei Söhne; und der jüngere von ihnen sprach zu dem Vater: Vater, gib mir den Teil des Vermögens, der mir zufällt. Und er teilte ihnen die Habe. Und nach nicht vielen Tagen brachte der jüngere Sohn alles zusammen und reiste weg in ein fernes Land, und dort vergeudete er sein Vermögen, indem er verschwenderisch lebte. Als er aber alles verzehrt hatte, kam eine gewaltige Hungersnot über jenes Land, und er selbst fing an, Mangel zu leiden. Und er ging hin und hängte sich an einen der Bürger jenes Landes, der schickte ihn auf seine Äcker, Schweine zu hüten. Und er begehrte seinen Bauch zu füllen mit den Schoten, die die Schweine fraßen; und niemand gab ihm. Als er aber in sich ging, sprach er: Wie viele Tagelöhner meines Vaters haben Überfluss an Brot, ich aber komme hier um vor Hunger. Ich will mich aufmachen und zu meinem Vater gehen und will zu ihm sagen: Vater, ich habe gesündigt gegen den Himmel und vor dir, ich bin nicht mehr würdig, dein Sohn zu heißen, mach mich wie einen deiner Tagelöhner. Und er machte sich auf und ging zu seinem Vater. Als er aber noch fern war, sah ihn sein Vater und wurde innerlich bewegt und lief hin und fiel ihm um seinen Hals und küsste ihn zärtlich. Der Sohn aber sprach zu ihm: Vater, ich habe gesündigt gegen den Himmel und vor dir, ich bin nicht mehr würdig, dein Sohn zu heißen. Der Vater aber sprach zu seinen Knechten: Bringt das beste Kleid her und zieht es ihm an und tut einen Ring an seine Hand und Sandalen an seine Füße; und bringt das gemästete Kalb her und schlachtet es, und lasst uns essen und fröhlich sein! Denn dieser mein Sohn war tot und ist wieder lebendig geworden, war verloren und ist gefunden worden. Und sie fingen an, fröhlich zu sein." (Lk 15,11 ff.)

Die Landkarte für den Weg. Man kann die Schrift ganz verschieden lesen und ganz verschieden interpretieren. Man kann sie nach ihrer Geschichtlichkeit befragen, ob das, was da geschrieben steht, sich auch wirklich so ereignet hat. Man kann auch versuchen, die Symbole zu verstehen, die in der Schrift immer wieder gebraucht werden, z. B. das Symbol Wasser, Mahl, Bund. Man kann die Schrift auch rein moralisch verstehen und sich von ihr sagen lassen, was sich im Leben zu ändern hat. Aber man kann die Schrift auch mystisch verstehen. Das Wesentliche liegt nicht in den Begriffsinhalten, nicht in der moralischen Aussage, es liegt in den Bildern, Parabeln und Mythen. Letztlich sind auch Worte der Schrift nichts anderes als der Finger, der zum Mond zeigt, und nicht der Mond selber. Sie sind Wegweiser zu Gott, aber nicht Gott selber. Sie sind so etwas wie eine Landkarte, aber nicht die Landschaft, in der man zu wandern gedenkt. Eine Landkarte weist über sich hinaus.

Was will uns das heutige Evangelium von den zwei Söhnen sagen? Die Parabel ist unsere Geschichte. Sie zeigt uns den Weg, den wir gehen. Sie ist gleichsam ein Spiegel, in dem wir unseren eigenen Lebensprozess erkennen können.

Der Vater symbolisiert unseren Wesensgrund, unsere Heimat, unseren göttlichen Ursprung, unsere Mitte, Gott. Der jüngere Sohn symbolisiert unser Ichbewusstsein. Wir können uns leicht mit ihm identifizieren. Er agiert, wie wir es gewohnt sind, bevor wir wissen, wer wir wirklich sind. Wir denken und handeln dualistisch, egozentrisch, narzisstisch, vordergründig und einseitig. Wir suchen das Glück draußen: Ausbildung, Heirat, Karriere, Haus, Auto, Bankkonto. Nicht, dass das alles schlecht wäre. Schlecht ist nur, dass wir darin unser Heil suchen, dass wir meinen, das könnte uns Befriedigung geben.

Dieser Weg führt nicht in ein erfülltes Leben. Leid ist die natürliche Folge des Sich-Abtrennens, des Besitzenwollens. Dieses Leid befällt den Menschen, wenn er alles durchgebracht hat, wenn er allem nachgejagt ist, jede Ersatzbefriedigung versucht hat. So muss er hinuntersteigen bis zum Schweinehirt. Nur der starke Leidensdruck scheint ihn auf den richtigen Weg zu bringen. Leid ist immer das Erkennungszeichen des Ego. Man kann seinen Egoismus vielleicht vertuschen, aber nicht dessen Wirkung. Die Wirkung des Egoismus ist Leid. Es gibt einen Schlager, in dem es heißt: „Du kannst das Feuer zwar verbergen, aber was machst du mit dem Rauch?" Der Rauch, das ist das Leid des Feuers Egoismus.

Die Parabel ist unsere eigene Geschichte. Die Geschichte unserer Transformation. Wir kommen aus Gott. „Vater" nennt die Geschichte diesen Urgrund. „Vater, das ist dieser Ozean des Lebens." Unser Ichbewusstsein ist wie eine Welle auf diesem Ozean. Die Welle mag sich freuen, getrennt zu sein vom Ozean. Sie meint vielleicht sogar, sie könne ohne den Ozean leben. Sie kann unter Umständen sogar den Ozean für das große Hindernis der Freiheit halten, bis sie merkt, dass sie zum Ozean gehört. Wohl dem Menschen, der rechtzeitig mit seinem Suchen an ein Ende kommt und erkennt, dass er umzukehren hat wie der jüngere Sohn in der Geschichte. Wohl dem Menschen, dessen Leidensdruck so stark ist, dass er nicht mehr anders kann, als umzukehren und einzusehen, beim Vater ist alles in Fülle. Er ist die Quelle des Lebens. Alles haben wir von ihm. Wir müssen erkennen, dass Unabhängigkeit eine Illusion ist und in die Entfremdung führt.

Gebt ihm einen Ring und Schuhe. Die Heimkehr ist symbolisiert durch den Ring, die Schuhe und das Fest. Es ist schlimm, dass man diese Parabel zum moralischen Paradestück gemacht hat. Da ist kein moralischer Zeigefinger, kein Bußgewand, sondern ein Festkleid, kein „Ich hab dir's ja gleich gesagt." Da ist Einsicht, Angekommensein, Vollendung, Transformation.

Die Parabel ist unsere eigene Geschichte (unser Lebensskript). Die Geschichte soll uns helfen, uns zu öffnen und über alle Überlegungen hinaus in die Einheit zu finden. Dann beginnt unser eigentliches Leben, dann können wir hinausziehen oder daheim bleiben. Dann gibt es weder draußen noch drinnen. Dann erfahren wir alles als Ausdruck unseres Wesens, als Form Gottes. Dann gibt es nicht mehr gut und böse, nicht mehr oben und unten, nicht mehr reich und arm. Dann spüren wir in uns auch ein Gesetz, das wir Menschen Liebe nennen. Wir werden nicht alles tun können, was uns möglich ist; dennoch: „Liebe und tue, was du willst", sagt Augustinus. Die Liebe wird die Norm für unser Verhalten sein.

19 | Damit sie das Leben haben (Jo 10,10)

Warum ist Jesus in diese Welt gekommen? Es gibt nur diesen einen Grund: Damit wir Leben haben und es in Fülle haben. – Das Johannesevangelium ist das Evangelium vom Leben. „In ihm war das Leben und das Leben war das Licht der Menschen", heißt es im Prolog. – „Wer an ihn glaubt, wird ewiges Leben haben." (Jo 3,16) „Wer an den Sohn glaubt, hat ewiges Leben." (Jo 3,36) – Er gibt Speise, die ins ewige Leben führt. Er ist gekommen, damit sie Leben haben. Seine Worte sind Geist und Leben. – „Weil ich lebe, werdet auch ihr leben." (Jo 14,19) – In unserer christlichen Religion geht es um Leben.

Freimachen von Ballast. Aber heißt es da nicht auch: „Wer sein Leben retten will, wird es verlieren, wer aber sein Leben verliert, der wird es gewinnen." Das klingt für viele negativ. Es bedeutet aber nur: sich frei machen von Ballast. Nur eine leere Hand kann gefüllt werden. Das ist das Geheimnis des Lebens. Sein Leben verlieren, das bedeutet in der Mystik immer, sein Ich zurücknehmen, damit Größeres auftauchen kann. Nur wer stirbt, kann auferstehen. Nur wer sein Ich zurücknimmt, kann die Erfahrung seines tiefsten Wesens machen. Loslassen bedeutet in der Mystik immer, sich frei machen für Größeres und Wichtigeres.

Die enge Tür, das Tor in die Freiheit. „Es ist eine enge Türe, die ins Leben führt", sagt Jesus an einer anderen Stelle. Diese enge Türe wird oft moralisch ausgelegt. Aber die Türe ist eng, weil wir einiges abstreifen sollen, einiges zurücklassen sollen, was uns hindert am vollen Leben. Askese bedeutet bei Jesus nie Abtötung um der Abtötung willen, sie bedeutet immer, frei werden für Größeres, für mehr an Leben. Durch Wohlverhalten, meinen die Moralisten, könnte es uns gelingen. Jesus war kein Moralist. Ich glaube schon lange nicht mehr, dass moralische Appelle unsere Spezies bessern. Auch die moralischen Appelle der Religionen schaffen es nicht. Nur wenn es uns gelingt, unser göttliches Wesen immer umfassender zu erfahren, wird sich die Menschheit verändern. Jesus hat den Menschen weniger gesagt, was sie tun sollen, er hat ihnen gesagt, wer sie sind: Kinder Gottes, die das Reich Gottes, das göttliche Leben in sich tragen, ja, die dieses göttliche Leben sind.

Ganz Mensch sein. Wenn Jesus nur Mensch geworden ist, um uns das Leben zu bringen, dann ist es unsere erste Aufgabe, es zu leben. Gott möchte in uns zu dieser Zeit, an diesem Ort, in dieser unserer Gestalt über diesen Planeten gehen. Wir haben sein Leben zu bezeugen, nicht durch viele Worte, sondern durch unser Sein. Es geht also zuerst um ein Erkennen. Erkennen, wer wir sind. Unsere Tragik liegt darin, dass wir viel zu wenig unseren Adel als Menschen erkennen. Genau das aber ist die Erfahrung der Mystik: Wir sind mehr, als wir zu denken wagen. Die Moral kommt aus der Erkenntnis unseres Adels. – Wenn wir uns so verstehen könnten, als Träger göttlichen Lebens, würde sich vieles ändern.

Alle partizipieren wir an einem Leben: Moslems, Christen, Hindus, Buddhisten.

Leben kennt keine Grenzen. Gott ist immer ganz in seinen Geschöpfen, sagt Thomas v. Aquin. Er kann sich nicht teilen. Er ist auf unserer Seite. Die Frage ist nur, wie viel wir davon erfassen können.

Wir werden geblendet durch Umstände, durch vorgefasste Meinungen, durch Sympathie und Antipathie. Und das Schlimme ist, dass wir nicht wissen, dass wir geblendet sind. Wir meinen, diese

Welt des Ich sei die eigentliche Welt. Wir halten uns für Deutsche, für Mann, für Frau, für reich für arm, für gescheit und dumm. Aber das hat nichts mit unserem eigentlichen Wesen zu tun. Wir werden nur glücklich, wenn wir diese Einengung aufgeben. Zuerst sind wir Töchter und Söhne Gottes. Gott wollte Menschen – und darum sind wir hier, und darum ist es unsere Aufgabe, ganz Mensch zu sein. – Man hat uns klein geredet in der Religion. Man hat uns zu viel von Sünde, Schuld und Strafe erzählt.

Zweige am Weinstock Gott. Wir sind Blüten am Baum, den wir Gott nennen. Wir sind Zweige am Weinstock, den Jesus Vater genannt hat. Wir sind es bereits. Das ist die gute Nachricht, und das ist keine kleine Sache. „Ich fragte den Mandelbaum, erzähle mir von Gott: Da fing er an zu blühen." Es gibt eine alte Geschichte, in der der Schüler den Meister bittet, ihm doch die letzte Wahrheit zu sagen: „Kannst du sie mir nicht sagen?" – „Kannst du sie mir nicht geben?" Der Meister lacht ihn aus und sagt: „Du hast schon drei Schalen vom besten Wein getrunken und meinst, du hättest deine Lippen noch nicht benetzt." Wir sind alle Gottes trunken und sagen, wir kennen ihn nicht, und machen uns dann auf, ihn zu suchen. Jesus sagte zu Thomas etwas Ähnliches: „Ich bin nicht dein Meister. Denn auch du hast getrunken und bist trunken von der sprudelnden Quelle." (Thomasevangelium 13) Wir haben getrunken von dieser sprudelnden Quelle, die wir Leben Gottes nennen. Wir sind Gottes voll.

Was wir sind, können wir nicht werden. Ihr kennt das berühmte Wort von Eckehart: „Denn wahrlich, wer glaubt, Gottes mehr zu erlangen in Innerlichkeit, in Andacht und süßer Verzückung als bei dem Herdfeuer oder in dem Stalle, der tut wie einer, der seinen Gott nähme, ihm einen Mantel um das Haupt wände und ihn dann unter eine Bank schöbe." (Quint 180,11)
Wir tun so, als ob diese Erste Wirklichkeit nicht da wäre, als ob wir sie zu suchen hätten, als ob wir sie um etwas zu bitten hätten. Wir wickeln Gott einen Mantel um den Kopf, schieben ihn unter die Bank und machen uns auf, ihn zu suchen. Aber ob wir im Stall sind

oder in der Kirche, es ist immer dieses Göttliche, das sich in uns offenbart. – Was wir sind, können wir nicht werden. Wasser kann nicht Wasser werden. Feuer kann nicht Feuer werden. Unser tiefstes Wesen ist göttlich und kann daher nicht göttlicher werden.

Wir benehmen uns kindisch. Wir verdecken unsere Augen wie kleine Kinder und sagen: Such mich! Wir leben ein kindisches Spiel. Wir sind im hellen Tageslicht und sagen zu unserem göttlichen Wesen: Such mich! – Erwachsen werden heißt, dieses Kinderspiel zu beenden. Reife meint, zu entdecken, wer wir sind. Wir sollten uns mehr Zeit nehmen zum Sein. Wir sind Macher. Wir sind zu Machern erzogen worden. Mache etwas aus dir, hat man uns gesagt, werde etwas, wurde uns eingetrichtert. Du musst auch der Erste sein im Reiche Gottes, haben wir im Religionsunterricht gelernt. Du musst dich anstrengen, damit du in den Himmel kommst. Aber es sind nicht die Streber, die zuerst in den Himmel kommen.

Ihr kennt die alte Geschichte, die erzählt, dass beim Jüngsten Gericht die Menschheit schön aufgereiht ist: Vorne waren die Päpste und Bischöfe und Pfarrer und Mönche und Nonnen und dann kam das gewöhnliche Volk. Da öffnete sich die Tür; aber es war die Hintertür und Jesus kam herein. Und er sagte noch einmal: „Die Ersten werden die Letzten sein!"

Im kontemplativen Gebet lernen wir zu sein. Das klingt absurd, denn wir sind ja schon. Wir können es nur nicht erkennen. So lernen wir hier zu erkennen, wer wir sind. Darum kommen wir zusammen zur Feier des Lebens. Das ist der Sinn dieser Feier: Zu erkennen, wer wir sind. Das ist unsere Lebensaufgabe. Daran will uns das Evangelium erinnern. Ich bin gekommen, dass sie Leben haben und es in Fülle haben. Wir werden einmal nicht nach Leistung gefragt, sondern nach unserem Sein. Wir werden gefragt, ob wir Gott gelebt haben. Ihr seht, dass uns eine solche Auffassung ein ganz anderes Selbstverständnis gibt.

Ganz Mensch sein. Für manche bedeutet das eine diametral andere Sicht ihres Lebens, ja, eine andere Sicht ihres Christseins, aber es ist die Sicht Jesu. Nicht wenige Menschen haben in unseren Kursen auf dem Benediktushof ein mystisches Erlebnis, das ihnen das Gesagte bestätigt. In der Evolution steckt ein Eros, eine Strömung, die zu tieferen Zusammenhängen und zur Entfaltung führt. Es ist die Entfaltung Gottes. Ich weiß natürlich, dass uns jetzt alle unsere Fehler und Unvollkommenheiten einfallen, und der Vorwurf, das sei alles nur Schönrederei, liegt manchen auf der Zunge. Aber

es ist nun einmal die Botschaft Jesu. Ich bin gekommen, dass sie Leben haben. Gott wollte Menschen. Er wollte Menschen, die sein Leben leben. Darum und nur darum sind wir Mensch geworden.

20 Der Kosmos oder Das Spiel, das wir „Gott" nennen

Der Kosmos, dieses evolutionäre Geschehen, ist das Spiel eines leidenschaftlichen Spielers. Es ist das große „Spiel Gott", in dem wir mitspielen. Aber dieser Spieler sitzt nicht draußen, er vollzieht sich als Spiel. Er kreiert sich als Spiel. Unsere Lebensaufgabe ist es, gute Mitspieler zu werden und das Spiel entsprechend den Spielregeln mitzukreieren.

Wir werden gehindert durch unsere Eigenwilligkeit, durch eigene Spielregeln, nach denen wir spielen wollen. Das sind Vorstellungen, Konzepte, Muster, Konditionierungen. Sie drücken uns nieder, gaukeln uns eine Welt vor, die nicht existiert. Wenn wir erst einmal erfahren haben, wie sehr wir uns selber niederhalten durch das „Dazwischenpfuschen" unseres Ich, schütteln wir manches ab. Wenn wir merken, dass unser „Dazwischenpfuschen" unser Leid bedeutet, hören wir mehr auf unsere Tiefe.

Der Herzschlag Gottes. Es ist der Herzschlag Gottes, der aus seinem Innersten ertönt, wenn die Dinge entstehen. Daher gibt es kein Ziel. Es gibt keinen Punkt Omega, an dem alles in statische Ruhe versinkt. Es gibt nur Alpha und Omega gleichzeitig. Es gibt nur diese zeitlose Gestaltwerdung Gottes in diesem Augenblick. Es gibt keinen Weltuntergang, es gibt nur das Sich-selbst-Gebären Gottes im Kommen und Gehen: das große Spiel Gott. Und wir sind seine Spielfiguren. Er spielt sich selbst als diese Struktur, die wir in diesem Augenblick sind. Und das Vergehen ist so bedeutsam wie das Wiederkommen. Auch das Untergehen ist der Herzschlag Gottes, nicht nur das Auferstehen.

Gott ist die Gestaltungskraft in jeder Gestalt. Gott ist nie ohne Gestalt. Gott ist in ständiger Inkarnation. Diese Urwirklichkeit, die Jesus „Vater" genannt hat, wird Gestalt als Logos, d. h., wird Gestalt als Blume, als Tier, als Galaxie, als Kosmos, als Mensch, als ich. Sie wird Gestalt als alles, was Gestalt hat. In jeder Gestalt ist Gott ganz, wie das Meer in der Welle ganz ist. So wie er Gestalt war in Jesus, ist er Gestalt in diesem Brot und diesem Wein, in diesen Blumen und im Menschen. Das ist die wahre Inkarnation. Warum sie einschränken auf den Menschen Jesus? Inkarnation, Menschwerdung, Schöpfungswerdung, das ist permanente Gestaltwerdung Gottes. Das feiern wir in der Mahlgemeinschaft. Es ist die Feier der Wirklichkeit schlechthin. Alle Religionen haben viel zu viel vom Vergehen und vom Sterben gesprochen. Der Kosmos ist aber ebenso sehr Auferstehen, wie er Vergehen ist.

Untergang ist Übergang. Letztlich gibt es keinen Untergang. Untergang ist Übergang in neue Existenzmöglichkeiten, Übergang in eine neue Spielfigur Gottes. Untergang ist ein Überleben anderer Art – und das nicht im Sinne eines Überdauerns, sondern im Sinne eines Neuerstehens. Wenn ein Tänzer einen Schritt beendet und einen neuen macht, ist das nicht der Untergang des alten Schrittes: Es ist der Fortgang des Tanzes. Gott tanzt seine Schöpfung. Er ist Tänzer und Tanz in einem. Wohin geht das Leben, wenn es entschwindet? Es geht nirgendwohin, es kommt nirgendwoher. Es ist da, wenn Ursache und Wirkung vorhanden sind. Gott ersteht im

Baum als Baum, im Menschen als Mensch und in der Galaxie als Galaxie. Im Untergang ist er Untergang. Und so ist der Untergang in Wirklichkeit Aufgang, ist Vollzug Gottes, ist Evolution Gottes. Auch als Sterben offenbart sich Gott.

Das eigentliche Problem, das wir haben, ist nicht das Sterben, sondern unsere Anhänglichkeit an eine bestimmte Form, an diese Form, die wir jetzt haben. Jede Gestalt hat ihre unverwechselbare Bedeutung. So, wie ich bin, bin ich jetzt die Manifestation der Ur-wirklichkeit, die wir Gott nennen. Darin liegt meine Bedeutung – ganz gleich, als was ich wieder entstehe. In jeder möglichen Gestalt bin ich die Gestalt Gottes. Darum sage ich zu jeder möglichen Gestalt Ja und zelebriere sie wie einen Gottesdienst. Und das ist der eigentliche Gottesdienst: die Zelebration dieses meines Lebens.

Die wahre Religion. Gott wird nicht auf diesem oder jenem Berg angebetet. Er wird im Geist und in der Wahrheit angebetet. Ihn als mein Leben zu erfahren, das nenne ich, „Gott im Geist und in der Wahrheit anbeten". Alle Religionen sollten ihre Anhänger in diese Erkenntnis führen. Alle Religionen sind nur Wege in die Erfahrung des Kommens und Gehens Gottes. Unser Leben ist der Platz, auf dem Gott sich selbst spielt.

Religionen sind Verstehenshilfen. Sie sind Modelle, an denen der Mensch sich selber und die Welt zu erklären versucht. Religionen sind Spielregeln. Sie können uns auf die Spur setzen, damit wir überhaupt Orientierung finden im Wust der Ansichten und Meinungen. Uns als Spielfiguren in diesem grandiosen Spiel Gott zu erfahren ist unsere Berufung.

21 | Himmelfahrt Mariens oder Der Himmel in uns

Was sollen wir mit diesem Fest anfangen? Sollen wir glauben – wie es auf unzähligen Bildern dargestellt ist –, dass Maria mit Leib und Seele in den Himmel aufgenommen worden ist? Sollen wir glauben, dass sie dort – wie es auf unzähligen Bildern dargestellt ist – von der Dreifaltigkeit als Königin des Himmels gekrönt worden ist? Oder sollen wir uns von solchen Vorstellungen einfach abwenden und allen Glauben über Bord werfen?

Das Licht – nicht das Glasfenster. Mariä Himmelfahrt ist ein Mythos. Wir dürfen religiöse Aussagen nicht wörtlich nehmen. Religion drückt sich in Bildern und Mythen aus. Ein Mythos ist wie ein Glasfenster. Das Glasfenster erzählt uns etwas über das Licht, das hinter dem Glasfenster leuchtet. Das Glasfenster ist nicht das Licht. Wir dürfen nicht bei den Linien und Farben stehen bleiben. Sie verweisen auf das Licht, das dahinter leuchtet. Die wichtigste Frage ist nicht die Frage nach der historischen Wahrheit, sondern nach der Heilsaussage für unser Hier und Jetzt.

Was will uns die Aufnahme Mariens in den Himmel also sagen?
1. Zunächst geht es bei diesem Fest um uns und nicht in erster Linie um das Gedenken an eine berühmte Frau. An dieser Frau werden Aussagen über uns gemacht. Es sind Aussagen über uns, die in diesem Feste ihren Ausdruck finden.

2. Leibliche Aufnahme heißt nicht, Maria ist von dieser Erde abgehoben, sondern alle Wesen sind dort daheim, was wir Himmel nennen: Menschen, Tiere, Bäume und Pflanzen und alle die Wesen, von denen wir keine Ahnung haben. Alle Dinge schmecken nach Gott. Es gibt nichts, was nicht gottesförmig wäre. Hier liegt der eigentliche Grund unseres achtsamen Umgangs mit der Natur.

Ihr kennt die fiktive Rede des Häuptlings von Seattle, in der er dem Präsidenten der USA Antwort gibt: „Ihr müsst euch daran erinnern und eure Kinder lehren: Die Flüsse sind unsere Brüder – und ihr müsst von nun an den Flüssen eure Güte geben. ... Das Land ist uns heilig. Wir erfreuen uns an den Wäldern. ... Alle Dinge teilen denselben Atem – das Tier, der Baum, der Mensch. ... Ich habe tausend verrottende Büffel gesehen, vom weißen Mann zurückgelassen – erschossen aus einem vorbeifahrenden Zug. Ich kann nicht verstehen, wie das qualmende Eisenpferd wichtiger sein soll als der Büffel."

Das gleiche göttliche Leben durchpulst jedes Lebewesen. Daher auch das Ritual der Kräutersegnung. Die zeitgenössische Psychologie ist überzeugt, dass Gedanken, Einsichten und Entschlüsse nur dann wirklichen Einfluss auf uns haben, wenn sie auch nach außen ausgedrückt und so erfahrbar werden.

3. Dann sagt uns dieser Festtag auch, dass Himmel und Erde eins sind. Es gibt keine Kluft zwischen Materie und Geist. Es sind nur zwei Aspekte der einen Wirklichkeit. Dieses Fest bewahrt uns vor der Flucht in eine falsche Spiritualität, vor einem Rückzug aus der Welt. Das Fest ist ein Ja zur Leiblichkeit, zur Erde und zur Welt. Es ist die Heimkehr des Göttlichen zu sich selbst. Himmelfahrt bedeutet also nicht in ein Jenseits eingehen, sie bedeutet Durchbruch zu einer Erfahrung, die das Formlose in der Form erkennt. Leerheit und Form.

Ein Ja zur Frau. Dieses Fest ist auch ein Ja zur Frau, die in der katholischen Kirche und in unserer Gesellschaft immer noch als zweitrangig behandelt wird. Es ist schwer zu verstehen, dass man Menschenrechte unterschreiben kann, ohne sie in den eigenen

Reihen zu verwirklichen. Die Geschichte wird der Kirche das eines Tages ankreiden, so wie sie ihr heute die Hexenverbrennung ankreidet.

4. **Der Himmel in uns.** Noch etwas wird uns an diesem Fest gesagt: Dass der Himmel nicht etwas ist, was weit weg ist. Er ist nicht etwas dort oben, zu dem man auffahren muss. Er ist hier und jetzt. Er ist nichts Abstraktes, er offenbart sich in diesem unserem Leib. Niemand, nicht einmal Maria, ist bevorzugt. Wir besitzen alle diese göttliche Grundstruktur.

5. **Das Fest ist ein Fest der Befreiung.** Wir werden befreit von der irrigen Ansicht, dass der Mensch ein von Gott getrenntes Wesen sei. Es ist ein Fest der Erfahrung der Nicht-Zweiheit. „Himmelfahrt" bedeutet Transzendierung des individuellen Ich. Transzendieren bedeutet nie ‚abgehoben'. Himmel ist hier und jetzt. „Himmel" ist ein Symbol für Zeitlosigkeit. Er ist immer eine Erfahrung in der Zeitlosigkeit, d. h. im Hier und Jetzt. „Auffahrt" meint zu der Erfahrung unseres wahren Wesens durchbrechen. Dazu haben wir uns auf den Weg des Zen und der Kontemplation gemacht. Auf einen Weg, der kein Weg ist, denn er ist nicht oben oder unten, weder gestern noch morgen. Wir feiern in der Himmelfahrt Mariens unsere wahre Heimat. Dieses Fest bewahrt uns vor der Flucht in eine falsche Spiritualität, vor einem regressiven Rückzug aus der Welt. „Himmel" ist die Erkenntnis, dass wir göttlichen Ursprungs sind, dass wir göttliches Leben in uns tragen, dass das, was wir zutiefst sind, nicht vergehen kann. Nur die Form wird zerbrechen, wenn wir sterben, das Leben geht weiter.

Maria und das Bild von der Königin des Himmels bedeuten aber noch mehr. Maria ist zum Bild des Weiblichen in Gott geworden. Sie ist das Symbol für die Barmherzigkeit Gottes und für sein Erbarmen und seine Liebe. C. G. Jung spricht daher von der Quaternität. Nachdem die Christen alles Weibliche aus ihrem Gottesbild vertrieben haben, so meint er, kommt es doch mit Maria durch die Hintertür wieder herein.

22 Freude trotz(t) Leid – Leid, der größte Meister des Lebens

„Jesus erklärte seinen Jüngern, was ihm bevorstand: Ich muss nach Jerusalem gehen. Dort werde ich durch die Ratsältesten, die führenden Priester und die Gesetzeslehrer viel leiden müssen. Man wird mich töten, und am dritten Tag werde ich auferstehen."
(Mt 16,21)

Die Leiden und Unsicherheiten unseres Lebens, so schmerzhaft und bedrückend sie auch sind, lehren uns und führen uns zur Reife. Wir ordnen Leid viel zu schnell ein unter Verzicht, Lebensfeindlichkeit und Strafe.

In Wirklichkeit ist es die Voraussetzung für Reifen und Wachsen. Niemand kann uns so trefflich lehren. Nichts hilft uns im Leben so weiter wie das Leid. Das klingt für manche Ohren negativ, aber es ist die Wahrheit. Denn:

Wir müssen aus dem Mutterschoß, um Mensch zu werden, das ist leidvoll.

Wir werden entwöhnt, das ist leidvoll.

Wir müssen aus dem Elternhaus in die Schule und Ausbildung.

Wir müssen aus dem Elternhaus ganz ausziehen, um selbständig zu werden.

Wir haben das Altern anzunehmen, das ist leidvoll.
Wir haben Krankheit anzunehmen, das ist leidvoll.
Wir haben den Tod anzunehmen.

Wer loslassen kann, gewinnt etwas Neues, Größeres. Wir können nicht im Mutterschoß bleiben, wenn wir Mensch werden wollen. Um das Neue zu gewinnen, müssen wir Altes oft loslassen. Vieles kann im Laufe des Lebens nur unter Leid losgelassen werden. Dazu gehören auch:
Die Kindheit, die keine Forderungen an uns stellt.
Die unbelasteten Jugendjahre.
Die sexuelle Attraktivität und Potenz der reiferen Jahre.
Das Entlassen der Kinder ins Leben.
Formen zeitweiliger Macht über andere.
Die Unabhängigkeit von physischen Krankheiten.
Und letztlich das Ich und das Leben selber. (nach Peck M.)
Wenn wir den Schmerz des Loslassens nicht annehmen, vergeben wir die Gelegenheit zum Wachsen und Reifen. Die meisten Menschen bleiben lieber in ihren alten Mustern und versäumen die Chance und die Freude eines Neuanfangs in einer größeren Dimension. Es gilt immer wieder, die falsche Identität abzulegen und zu seinem wahren Wesen, zu seiner eigentlichen Identität zu finden. Das Leid und die Unsicherheit des Lebens sind die großen Meister, die den Menschen zu sich selbst und damit zur Reife bringen. Sie lehren uns das Loslassen, um Neues zu gewinnen. Die kontinuierliche Weiterentwicklung braucht oft einen radikalen Sprung ins Neue. Und das fällt uns so schwer. Doch genau dies führt in die Freiheit. Eckehart sagt an einer Stelle: „Leid ist das schnellste Pferd zu Gott."
Wodurch leiden wir so sehr? Wir haben feste Vorstellungen, wie die Dinge zu sein hätten. Wir hängen an etwas Schönem, das wir nicht hergeben wollen, aber doch hergeben müssen. Wir haben Angst, das Schöne, das wir erlebt haben, könnte sich nicht wiederholen. Wir hängen an dem, was wir verloren haben, und jammern und klagen. Dass wir so viel klagen und lamentieren, liegt nur an unserem Festhalten und nicht Loslassen-Können.

Das Leid als Weg. Die Leiden unseres Lebens, die Schmerzen unseres Lebens sind der Weg. Erlebt den Schmerz, dem ihr nicht entkommen könnt. Erlebt ihn nicht fatalistisch und masochistisch, erlebt ihn in der Gewissheit, dass er etwas Neues bringt. Lasst gehen, was nicht zu halten ist. Wenn die Angst kommt, nehmt die Angst an und bekämpft sie nicht. Bleibt gegenwärtig im jetzigen Augenblick, wie auch immer er sich zeigen mag! Lasst aus der Hand fallen, was gerade genommen wurde, damit sie neu gefüllt werden kann. Dann trotzt die Freude dem Leid. Je mehr Übung wir im Loslassen und im Annehmen haben, desto erträglicher wird das Jetzt. Das Leid zwingt uns zur Entwicklung und zur Reife, ob wir wollen oder nicht. Schneller geht es, wenn wir einverstanden sind.

Natürlich gehe ich zum Arzt, wenn es nötig ist. Natürlich hole ich mir Hilfe in schwierigen Situationen. Aber es gibt so vieles, was wir nicht ändern können, sondern nur annehmen können, bis hin zu unserem Tod. Auch unseren Tod anzunehmen, in der Gewissheit, er ist ein Gewinn, er führt in eine größere Freiheit, eine neue Seinsebene. Auch das Sterben ist Gewinn.

Wie oft höre ich, dass jemand sagt: „Es war ein schlimmes Leid. Aber heute bin ich dankbar, dass ich hindurchgehen durfte. Ich möchte es nicht missen."

Eine Frau schrieb mir: „Ich habe Leiden gehasst und es zu meiden versucht. Ich war erbittert über einen so genannten Schicksalsschlag. Jetzt aber habe ich entdeckt, dass ich niemals diese Fähigkeit zur Verzückung im Geiste und in meinem Herzen spüren würde, wenn ich nicht durch Leid dahin getrieben worden wäre." Wir streben nach Balance. Wir möchten alles Schmerzhafte umgehen, doch das Herausfallen aus dieser Balance ist der Grund, warum Neues entstehen kann. Daher gehört Leid zum evolutionären Prozess. Und es gehört zur Transformation.

Leid als Wachstumsprozess. Wir können über Leid einen Klagegesang anstimmen oder wir können versuchen, es zu unserem Wachsen und Reifen zu nutzen. Erste Voraussetzung dafür ist Annahme. Annahme der Situation, die ich momentan nicht ändern kann. Das Leid wird uns verwandeln. Die wirkliche Freude des Lebens kommt durch das Aufgeben und Loslassen von letztlich unhaltbaren Positionen. Wer loslassen kann, wird gewinnen. Leid ist der Preis für Reife und Weisheit. Jede Neugeburt ist mit Leid verbunden. Die Pein des Sterbens ist die Pein einer Neugeburt. Tod und Geburt sind nur zwei verschiedene Seiten einer Münze. Bis wir annehmen wollen und können, dass unser Leben eine Serie von gleichzeitigem Tod und Auferstehung ist, bleiben wir in der spirituellen Schulung.

Petrus nahm Jesus zur Seite. „Dass Du in Jerusalem leidest, das darf nicht geschehen." – „Geh weg von mir, Satan", erwiderte Jesus. „Ich werde vieles leiden, aber ich werde auferstehen." Wir haben vieles zu leiden, aber wir werden auferstehen. Leid ist der größte Meister des Lebens. Die Freude trotzt daher dem Leid, wenn wir loslassen können.

23 | Das Labyrinth – Symbol unseres Lebensweges

„Mit dem Himmelreich ist es wie mit einem Schatz, der im Acker vergraben ist. Ein Mann entdeckte ihn. Und in seiner Freude verkaufte er alles, was er besaß, und kaufte den Acker. Auch ist es mit dem Himmelreich wie mit einem Kaufmann, der schöne Perlen suchte. Als er eine besonders wertvolle Perle fand, verkaufte er alles, was er besaß, und kaufte die Perle." (Mt 13,44 ff.)

Glück oder Heil. Was der Mensch unter Glück versteht und was er unter Heil versteht, ist nicht dasselbe. Glück und Heil gehören zwar irgendwie zusammen, aber wenn wir zu diesen Worten Assoziationen suchen, kommen wir auf ganz unterschiedliche Begriffsinhalte. Die Menschen meinen etwas ganz Verschiedenes, wenn sie diese Worte gebrauchen. Glück hängt zusammen mit angenehmen Erlebnissen. Dazu gehören Nahrung, Behausung, Erfüllung der leiblichen Bedürfnisse, aber auch Angenommensein, Zuwendung, Status haben, Geborgenheit. Nicht zum Glück gehören Angst, Leid, Konflikte, Einsamkeit, Tod.

Heil dagegen meint etwas ganz anderes. Wenn wir von Heil sprechen, denken wir nicht einfach an ein glückliches Leben. Heil meint viel mehr: eine endgültige Antwort auf den Sinn des Lebens gefunden zu haben, angekommen zu sein. Die Heilswege sind zwar ganz verschieden, haben aber alle eines gemeinsam. Sie führen durch Konfrontation, durch Not, durch Angst, durch Sterben und Tod. Sie führen durch unser ganz konkretes Leben. In diesem ganz konkreten Leben möchte sich „Gott" offenbaren. Unser Leben ist die wahre Religion. Gott möchte sich in uns zu dieser Zeit, an diesem Ort, in dieser Gestalt offenbaren und über diese Welt gehen. So können sich Heil und Glück in unserem Leben widersprechen. Der Weg zum Heil ist keine breite gerade Straße. Er führt durch eine enge Pforte, durch Biegungen und Windungen, er führt durch die Tiefe des Unbewussten, dort werden wir konfrontiert mit uns, mit Menschen, mit der Welt, mit dem Bösen, mit dem Tod und mit Gott. Ja, der Weg führt durch einen tiefgreifenden Wandlungsprozess.

Das Labyrinth. Symbolisiert wird dieser Weg durch das Labyrinth. Der Eingang ist eng und schmal, gleich einem Geburtskanal. Wir werden in diese Welt geboren. Wir müssen durch dieses Leben mit seiner Vielfalt hindurch. Beim Labyrinth gibt es viele Windungen und oft hat man den Eindruck, es führt weg vom eigentlichen Ziel. Man will doch in die verheißungsvolle Mitte. Sie scheint ganz nahe zu sein. Und immer wieder führt uns der Weg anscheinend von dieser Mitte weg. Das ist dein Lebensweg, will das Labyrinth sagen. Es lädt uns ein: „Hab Mut, vertrau dich mir an. Ich führe dich in die Mitte, ich führe dich in die Essenz deines Lebens. Aber ich warne dich auch. Ich bin ein Weg der Reinigung und der Läuterung. Ich führe dich manchmal in eine Richtung, in die du nicht gehen willst. Ich führe dich durch die Urgründe des Lebens. Aber wer in meinen Grenzen bleibt, den führe ich sicher in die Mitte. Denn ich bin ein Heilsweg."

Das Labyrinth ist ein spiritueller Weg. In vielen Kirchen findet man ein solches Labyrinth. Auch in neuen Kirchen werden sie wieder gebaut. Sie sind ein wunderbares Mittel, unser volles Menschsein zu begreifen. Wenn man ins Labyrinth eintritt, tritt man in einen heiligen, zeitlosen Raum. Alles verschwindet, bis auf diesen Weg, den man begeht. – „Ich bin kein Weg des Glücks", mahnt uns das Labyrinth. „Glück und Heil unterscheiden sich in deinem Leben. Du musst wählen!"

Die Perle liegt in der Mitte. Erst wenn wir uns ganz eingelassen haben, wenn wir alle Gänge und Windungen, alle Auseinandersetzungen des täglichen Lebens, alle leidvollen und frohen Stunden ausgekostet haben, gelangen wir in die Mitte. Das wirkliche Leben ist kein Glücksweg. Es will ein Heilsweg sein. Habt Mut, durch alle Biegungen und Windungen eueres Lebenslabyrinthes zu gehen. Es sind Zeiten und Orte der Wandlung zum wahren Menschen. Das Leben Jesu, das wir das Jahr über feiern, zeigt uns diesen Heilsweg auf und wir gehen mit ihm durch alle Etappen von Geburt über die Auseinandersetzungen mit der Welt, über den Berg Tabor zum Berg Golgatha und zur Auferstehung. Durch alle Biegungen und Windungen unseres Lebens. Das Labyrinth ist ein Abbild unseres Lebensweges.

Auf dem Heilsweg begegnet man seinem Schatten. Vor einiger Zeit berichtete mir eine Frau erschüttert: „Ich habe im Fernsehen eine Vergewaltigung gesehen. Plötzlich war ich das Mädchen und der Vergewaltiger. Seitdem weiß ich, dass ich beides bin." Ein anderer berichtete mir: „Ich war in der Stadt, da saß ein Bettler an der Ecke. Plötzlich war ich der Bettler. Da war kein Unterschied mehr. Ich saß dort und hatte die Mütze vor mir liegen und bat um Almosen." Eine Frau rief mich erschüttert an, nachdem sie einen Flüchtlingsbericht gesehen hatte: „Ich bin die Flüchtlinge und ich bin auch die Verfolger."

So können sich Heil und Glück in unserem Leben widersprechen. Der Weg zum Heil ist keine breite Straße. Er führt durch eine enge Pforte, über einen steilen Weg, er führt durch die Tiefe des Unbewussten, dort werden wir konfrontiert mit Menschen, mit der Welt, mit Teufel, mit Tod und mit Gott.

Schließlich werden wir jedoch die Perle – unser wahres Wesen – in der Mitte des Labyrinths finden.

24 | Maria Magdala oder Das vergessene Weibliche

Die heutige Lesung ist aus dem apokryphen Evangelium der Maria.* Das Christentum hat eine Reihe nicht anerkannter Schriften. Viele davon haben einen tiefen mystischen Inhalt. Sie wurden nicht in den Kanon aufgenommen, weil sie dem geläufigen Christusverständnis nicht entsprachen.

Jesus spricht in diesem Text Maria von Magdala, Petrus, Jakobus und Andreas an. Sie sind für mich Symbolfiguren: Maria steht für das Empfangende, Petrus für den Zweifel, Andreas für den Verstand und Jakobus für den Willen.

„Jesus sagt: Friede sei mit euch, strebt nach meinem Frieden. Seid auf der Hut, dass niemand euch irreführe mit den Worten: ‚Seht hier' oder ‚Seht da'! Denn der Sohn des Menschen ist in eurem Innern. Folgt ihm nach! Die ihn suchen, werden ihn finden. Geht also und predigt das Evangelium vom Reich!"*

Das Evangelium der Maria will uns sagen, dass der Mensch nicht mit seinem natürlichen Streben, Verstand und Willen ins Reich Gottes eintreten kann, sondern durch die weibliche Kraft des Empfangens und Loslassens. Es ist zu wenig, nur mit dem Intellekt, mit dem Willen und der natürlichen Sehnsucht die Angst vor der Vergänglichkeit überwinden zu wollen, denn diese Ich-Kräfte gehören selber der Vergänglichkeit an.

Das weibliche Element ins uns. Als Christen sind wir geneigt, Heiligkeit und Frömmigkeit auf guten Werken zu gründen. Wenn jemand heilig gesprochen wird, müssen heroische Taten nachgewiesen werden. Im spirituellen Bereich aber gilt Sein, nicht Leistung. Das zu hören ist hart für den Christen, der getrimmt ist auf gute Vorsätze, auf Gebote-Halten und auf Gesetzesfrömmigkeit. Der Eintritt in das Christusbewusstsein ist nur möglich, wenn dieses Unvergängliche selbst im Menschen wach wird und ihm zu Hilfe kommt. Das Lichtvolle, wenn auch verborgen, macht das Wesen des Menschen aus, nur von da wird das Dunkle in ihm erleuchtet.

Es ist das weibliche Element, sagt uns das Evangelium der Maria, das Empfangende und Hörende, das allein als Instrument tauglich ist, das Christusbewusstsein zu spüren und uns in die Erfahrung Gottes zu führen. Dieses neue Bewusstsein wird im Evangelium dargestellt von Maria Magdalena.

Die geistigen Kräfte – Verstand, Wille und Zweifel – werden von den männlichen Figuren Petrus, Andreas und Jakobus dargestellt. Sie haben jedoch letztlich mit Mann und Frau nichts zu tun. Jede/r ist Maria und jede/r ist Petrus, Andreas und Jakobus.

Das erste große Hindernis für die Erfahrung Gottes ist sichtbar gemacht an der Symbolfigur Petrus. Petrus symbolisiert den Zweifel. Es ist der Zweifel, der die Sehnsucht des Menschen als Täuschung entlarven will. Der Zweifel ist raffiniert. Er versucht Maria (der Seele) einzureden, dass sie sich belügt. Die Sehnsucht nach dem Ewigen sei nur eine Kompensation unerfüllter und enttäuschter Wünsche, letztlich nur ein Kindheitsmuster, nichts als eine regressive Tendenz und eine Reaktion auf Verlassenheitsgefühle und Enttäuschungen. Die Seele halte die Unsicherheit des Daseins nicht aus und flüchte sich in eine falsche Geborgenheit. – Auch heute noch versucht so mancher Zeitgenosse religiöse Tendenzen genau so abzuschmettern und in Frage zu stellen. Alles *nur* Regression, heißt es da. Alles nur Erinnerung an den Mutterschoß.

Das zweite große Hindernis, das in der Symbolfigur Andreas dargestellt wird, ist der Verstand. Er wirft dem neuen Bewusstsein Unwissenheit vor. Der Verstand ist doch schließlich die Instanz, nach der man sein Leben auszurichten hat. Das gilt auch für den religiösen Bereich. „Warum meinst du mehr zu wissen", sagt der Verstand zu dieser inneren Erkenntnis und Erfahrung: „Du hast keine Maßstäbe für deine innere Erkenntnis. Woher willst du deine Sicherheit nehmen? Ist deine Erkenntnis wirklich authentisch? Läufst du nicht wieder einem Phantom nach?"Es gehört zunächst Mut dazu, sich auf diese schwache innere Ahnung zu verlassen, bis sie zur Erfahrung wird und vom Verstand nicht mehr beurteilt werden kann.

Das dritte große Hindernis, dargestellt in der Symbolfigur Jakobus, ist der Wille. Er sagt der Seele, dass er doch zuständig sei für den Weg zu Gott. Mit Bemühen, Anstrengung und Energie meint er letztlich die Kraft und Motivation für die Heimkehr zu geben. Die Tiefe unseres göttlichen Seins, verkörpert von Maria, muss dem Willen aber sagen, dass er auf einem Ich-Trip ist. Er merkt es nicht einmal, weil er meint, er könne das Heil erreichen mit Wohlverhalten, mit Methoden und Bemühungen, mit Planen und Streben und Gebote-Halten. In Wirklichkeit geht es aber nur um dieses alte Ich, das seinen Herrschaftsbereich auch in der ´neuen Welt´ aufrecht erhalten will.Die Kräfte des alten Bewusstseins versuchen den Menschen zurückzuholen in ihren Machtbereich. Sie können nicht akzeptieren, dass Ruhe, stille Aufmerksamkeit, Schauen nach innen und Empfänglichkeit die einzige Haltung sind, mit der ein Mensch sein wahres Wesen, das Göttliche in sich, erkennt.

Ziel der Religion. Jede Religion schenkt dem Menschen eine visionäre Sicht ihres Zieles. Die Menschen versuchen dieses Ziel mit dem Verstand und mit Taten zu erreichen. Aber das Organ, das dieses neue Ziel schaut, ist nicht das rationale Bewusstsein. Es muss schon ein Teil des neuen Menschen sein, des Menschen, der die „Initiation der Wiedergeburt" vollzogen hat. Nur wer aus der Wahrheit geboren ist, kann die Stimme der Wahrheit hören. „Das Reich Gottes ist in euch", sagt Jesus. „Nur in seinem Licht schauen wir das Licht", sagt die Schrift. Und Eckehart meint: „Das Auge, mit dem ich Gott sehe, ist das gleiche Auge, mit dem Gott mich sieht." Es muss im Menschen ein Organ vorhanden sein, das darauf anspricht, das Resonanz gibt, sonst klingt diese ewige Melodie des Reiches Gottes nicht in ihm.

Die meisten Menschen, die eine Ahnung bekommen von diesem neuen Leben, von ihrem wahren Wesen, vom Reich Gottes in uns, von dieser transpersonalen Erkenntnismöglichkeit, wehren diese zunächst instinktiv ab. Sie ahnen, dass dieses Neue ihr altes Leben erschüttern würde. Dieser Erschütterung wollen sie sich nicht aussetzen. Oft höre ich in den Kursen, dass jemand sagt: „Ich getraue mich nicht, ganz loszulassen, ich habe Angst, mich auszuliefern."

Maria ist die Symbolfigur des Empfangenden im Menschen, man kann sagen, des neuen Menschen des Reiches Gottes. Es geht also im Evangelium nicht um Maria, die gegen die Jünger Petrus, Andreas und Jakobus auftritt, sondern um die Erkenntnis, dass das Weibliche, das Empfängliche eher geeignet ist, das Göttliche zu erfahren, als das Aktive und Männliche. Das Weibliche schenkt uns den Zugang zu unserem tiefsten Wesen. Es hat eine Affinität zu Gott, die dem Verstand und Willen nicht eigen ist. Die Mystik mobilisiert die weiblichen Fähigkeiten in uns allen. Unser Weg verlangt die Fähigkeit des Offenseins, Wartens, Wachsen-Lassens und der Hingabe.

„Der Mensch sieht nur mit dem Herzen gut", sagt Saint-Exupéry. Maria v. Magdala war ein Mensch, der mit dem Herzen gut sah. Jesus hat sie offensichtlich bevorzugt und sie galt in der Urkirche als seine Jüngerin.

---

* *„Apokryphe Evangelien aus Nag Hammadi". Andechs 1988, S. 242, siehe auch die Einleitung von Dietzfelbinger.*

Literatur

Meister Eckehart, Josef Quint Hrsg.,
    Carl Hanser Verlag München, 1977.
Jean P. Caussade, Hingabe an Gottes Vorsehung,
    Zürich 1981.
Peck, M., The road less travelled, London 1990.
Jung, C. G., GW, 11. Bd., Zürich, 1963.
Willi, Jürg, Ko-evolution, Hamburg 1987

Über die Künstlerin Petra Wagner

Petra Wagner, geboren 1959,
freischaffende Künstlerin und Kontemplationslehrerin, beauftragt
von Willigis Jäger; Ausbildung im Sakralen Tanz und Körpergebet
bei Beatrice Grimm, lebt mit ihre Familie in Süddeutschland.
Sie widmet sich der Malerei seit mehr als 20 Jahren, mit langjähri-
ger Ausbildung bei Prof. Heribert Losert (Aquarell) und Hansjürgen
Gartner (Zeichnen und andere Maltechniken) im Kloster Wind-
berg.
Seit 1993 mehrere Gemeinschaftsausstellungen und regelmäßige
Einzelausstellungen, wie die Ausstellung zur Eröffnung des Bene-
diktushofes in Holzkirchen bei Würzburg.
Kontakt: petra@lafamillewagner.de

Herzlichen Dank sage ich Lilo Eckstein für Ihre Mithilfe
an diesem Buch.

Einige Ansprachen sind dem Buch von Willigis Jäger
„Wohin unsere Sehnsucht führt" entnommen, das ebenfalls
im Verlag Via Nova erschienen ist.

Wohin unsere Sehnsucht führt

Mystik im 21. Jahrhundert
Ansprachen, Predigten, Inspirationen

3. Auflage

Willigis Jäger

Paperback, 328 Seiten – ISBN 978-3-936486-21-6

Der bekannte Benediktinerpater und Zenmeister Willigis Jäger legt eine Sammlung von Texten vor, die um einen einzigen Themenkomplex kreisen: das Göttliche und den Menschen in seinem Verhältnis zum Göttlichen. Um diese mystische Erfahrung dem Leser nahe zu bringen, macht der Verfasser immer wieder deutlich, dass Jesus die Menschen in diese Fülle des Lebens führen wollte. Er interpretiert die biblischen Aussagen unter diesem Gesichtspunkt völlig neu und vermittelt damit den suchenden Menschen unserer Zeit, die sich von den traditionellen Glaubenslehren nicht mehr genügend angesprochen fühlen, tiefere Einsichten und neue Perspektiven von Gott, Religion und Welt. Gleichzeitig werden aus der mystischen Tiefe kommende Anweisungen und Lebenshilfen für die Bewältigung des Alltags gegeben.

27 Perlen der Weisheit von Willigis Jäger

Keiko Nimura-Eckert (Hrsg.)
Gerd Aumeier (Fotoillustrationen)

2. Auflage

Hardcover, 96 Seiten – ISBN 978-3-936486-44-5

Der bekannte Zenmeister und Kontemplationslehrer Willigis Jäger ist heute für viele Menschen zu einem Wegbegleiter auf dem Weg nach innen geworden. Eine langjährige Schülerin von Willigis Jäger, die Japanerin Dr. Keiko Nimura-Eckert, hat 27 Texte aus den Veröffentlichungen ihres Meisters mit Liebe und Achtsamkeit ausgesucht. (Die Zahl 27 ist in Japan eine heilige Zahl spirituellen Wachstums.) Sie geben Antwort auf die Grundfragen des Lebens, die heute so viele Menschen bewegen. Der Fotodesigner und Künstler Gerd Aumeier hat aus seiner eigenen meditativen Praxis schöpfend mit einer durchgehenden visuellen Symbolsprache spirituelle Inhalte in künstlerischen Farbillustrationen sichtbar gemacht. So ist ein attraktiver Band mit spirituellem und künstlerischem Tiefgang entstanden, der nicht nur zur persönlichen Besinnung einlädt und der Wahrheits- und Sinnsuche dient. Er ist sowohl in seiner äußeren Form als auch vom Inhalt her als ein anspruchsvolles Geschenk geeignet.

Heilung und Neugeburt

Aufbruch in eine neue Dimension des Lebens

Barbara Schenkbier / Karl W. ter Horst

Hardcover, 272 Seiten, 30 Fotos, 10 Grafiken – ISBN 978-3-936486-57-5

Immer mehr Menschen suchen Auswege aus Einsamkeit und Trauer, Isolation und Sinnkrise. Sie sehnen sich nach Wärme und Licht, einem Aufbruch ins Leben, dem erneute Enttäuschungen und Niederlagen erspart bleiben. Barbara Schenkbier und Karl W. ter Horst geben anregende Impulse für den Aufbruch in eine neue Dimension des Lebens, für die spirituelle Neugeburt des Menschen. Diese Impulse sind begleitet von wegweisenden Ratschlägen für die Heilung von Seele und Körper. Die Autoren schöpfen aus der spirituellen Erfahrung einer neuen Dimension der Heilung und der Geschichte ganzheitlicher Heilverfahren aus dem göttlichen Feld. Die spirituelle Heilung wird ausführlich dargestellt. Mit einer bisher unveröffentlichten evolutions-psychologischen Methode ermöglichen sie dem Leser überraschende Einblicke in die verschlungenen Verläufe seiner eigenen Entwicklung. Alles Mitmenschliche und Kraftspendende, das dabei ans Licht des Bewusstseins dringt, bewerten die Autoren als Quellen von Heilung und Glück.

Räum dein Leben auf!

100% mehr Lebensfreude

2. Auflage

Matt Galan Abend

Hardcover, 144 Seiten, 56 z.T. ganzseitige Zeichnungen,
ISBN 978-3-86616-060-6

Der Mensch ist eingeschlossen in ein Gefängnis aus Konditionierungen, wie „man" zu sein hat, was „man" tut, was „man" von ihm erwartet, was „man" von ihm denkt usw. Der Mensch „kämpft" um alles und jedes, um sein Ansehen, um sein Geld, um seine Gesundheit, seine Sicherheit, seinen Arbeitsplatz oder was auch immer. Leichtigkeit, Lebenslust und Lebensfreude bleiben dabei meist auf der Strecke. Wenn wir gründlich Hausputz halten, wenn wir uns aus dem Dickicht unserer Konditionierungen befreien, wenn wir endlich aufräumen und das berühmte „man" aus unserem Leben verbannen, wenn wir die Sorge darum verlieren, wie andere über uns denken, wenn wir die Angst überwinden, unseren Partner, unseren Job oder gar unser Geld zu verlieren, wenn wir den Maßstab in uns selbst und nicht im Außen finden, kann dies so etwas wie unsere zweite Geburt sein. Aber diese Änderung kann immer nur von innen nach außen, und niemals von außen nach innen erfolgen. Die vielen künstlerischen Zeichnungen von Annette Kramer unterstützen die eindringlichen Aussagen des Buches.

Das Neue Bewusstsein

Entwicklungsmöglichkeiten für alle Menschen

Klaus Engel

Paperback, 160 Seiten, ISBN 978-3-86616-058-3

Das Neue Bewusstsein wird zunächst in einleitenden kurzen Kapiteln in das Gesamtkontinuum der Evolution gestellt: von der kosmischen über die biologische bis zur geistig-seelischen Entwicklung. Für die wesentlichen Vertreter des Neuen Bewusstseins Jean Gebser, Teilhard de Chardin, Sri Aurobindo und Ken Wilber werden die Lebensläufe und zentralen Konzepte herausgearbeitet. Die praktische Realisierung veränderter und erweiterter Bewusstseinserfahrung wird für den indischen Kulturkreis anhand der tiefen Erfahrungen Yoganandas beschrieben, für die Begegnung christlicher Tradition mit dem Zen über das herausragende Leben und Erleben von Hugo Lassalle. Einzelne Kapitel beschreiben Gefahren, Verwechslungen (Außen-Innen; Weg-Ziel) und Forschungsergebnisse zu den meditativen Wegen. Die Stufenfolge des Yoga- und Zen-Weges wird präzisiert, immer mit dem zentralen Anliegen des Buches: gedachte und erlebte Erfahrungen nicht zu verwechseln.

Neuer Lebensmut in der Begegnung mit dem Tod

Die Trauer zulassen – aber das Leben nicht vergessen

Maria Köllner

Paperback, 192 Seiten, ISBN 978-3-86616-059-0

Unser Leben ist ein Geschenk, vielfältig und wunderbar. Das empfinden wir häufig nicht mehr, wenn uns der Tod eines nahe stehenden Menschen die Lebensfreude nimmt. Doch wenn wir dem Tod keine Herrschaft über uns und unser Leben einräumen, öffnen sich neue, ungeahnte Wege. Das zu erkennen und die Veränderung als Chance anzunehmen ist die Botschaft dieses Buches. Es beschreibt die Erfahrung der Autorin Maria Köllner, die ein Jahr lang ihren sterbenskranken Mann begleitet. Krankheit und Angst haben die Macht über ihr gemeinsames Leben ergriffen, bis sich ihre Wege trennen. Durch die Begegnung mit dem Tod öffnen sich nach einer Weile neue, ungeahnte Lebenswege für die Zurückgebliebene. So entsteht aus dem Schmerz die Kraft für einen Neubeginn. Das Fazit: Mit Mut und Glauben gewinnen wir unsere Lebensfreude auch nach Schicksalsschlägen zurück. Neben einer neuen Vielfalt der Gegenwart wächst das Gefühl von Dankbarkeit für die geliebten Menschen, die vor uns gegangen sind.

Wo Engel gehen auf leisen Sohlen

Wie Sie Beziehungen erfolgreich und harmonisch
gestalten können

Chuck Spezzano

Hardcover, 304 Seiten, ISBN 978-3-86616-056-9

„Narren stürmen blind voran, wo Engel gehen auf leisen Sohlen." Unter diesen von dem britischen Schriftsteller Alexander Pope geprägten Satz stellt Chuck Spezzano sein neues Buch. Wieder einmal geht es um menschliche Beziehungen, und wieder einmal ist es dem weltbekannten Lehrer und Experten in der Kunst von Beziehungen hervorragend gelungen, seine neuesten Erkenntnisse auf unterhaltsame, spannende und zugleich unnachahmlich humorvolle Weise zu Papier zu bringen. In 101 abgeschlossenen Kapiteln zeigt er anhand zahlreicher „wahrer Begebenheiten" aus seinem eigenen Leben und praktischer Beispiele aus den unzähligen Seminaren, die er seit vielen Jahren auf der ganzen Welt leitet, in welche Beziehungsfallen Menschen tappen und wie sie sich schnell und erfolgreich daraus lösen können, um ihre Beziehungen zu einem wahren „Kunstwerk" zu gestalten. Der „neue Spezzano" zeigt einmal mehr richtungweisende psychologische und spirituelle Wege auf, die uns zu glücklichen Beziehungen und damit auch zu einem glücklicheren Leben führen können.

Transpersonale Verhaltenstherapie

Von der Stagnation zur Transformation

Harald Piron

Paperback, 352 Seiten, ISBN 978-3-86616-063-7

Mit diesem Buch liegt das erste Therapiehandbuch vor, das die Grundlagen und Methoden der Transpersonalen Verhaltenstherapie sehr anschaulich darstellt und anwendbar macht. Es ist sowohl für Therapeuten als auch für Interessierte geeignet. Die Transpersonale Verhaltenstherapie (TVT) ist ein wissenschaftlich fundierter, lerntheoretisch begründeter und meditationsbasierter Ansatz, der sich vor allem bei neurotischen und spirituellen Krisen bewährt hat. Er kann auch hervorragend im Rahmen eines Selbstmanagement-Trainings angewandt werden. Der Autor entwickelte diesen sehr klaren und tiefgehenden Ansatz seit 1993. Er vermittelt Modelle zur Analyse der Bedingungen des Bewusstseins und Verhaltens, die für die Entstehung und Heilung von personalen und transpersonalen Störungen von zentraler Bedeutung sind. In gut nachvollziehbaren Schritten wird der Leser mit Hilfe vieler Übungen und Fallbeispiele durch den jeweiligen Veränderungs- und Wachstumsprozess geführt. Darüber hinaus geht es um das seelische und spirituelle Erwachsenwerden.

Licht – Quelle des Lebens und der Liebe

Heilung und innere Harmonie mit Licht und Farben

Diethard Stelzl

Hardcover, Großformat, 336 Seiten, 119 4-fb. Fotos, 179 4-fb. Grafiken,
ISBN 978-3-86616-039-2

Das vorliegende Buch des Erfolgsautors Dr. Diethard Stelzl legt überzeugend und wissenschaftlich fundiert dar, wie jedes Leben seine dynamische Energie, aber auch kosmische Informationen und Ordnungsstrukturen durch das Licht und seine Farben erhält. Es zeigt auf, wie Menschen auf diese Farben und ihre Frequenzen sowie auf farbige Gegenstände (z. B. Pflanzen, Steine, Nahrungsmittel) und unterschiedliche Lichtverhältnisse reagieren. Dieses Buch macht bewusst, dass Lichtenergie sowohl einzelne Zellen, Organe und Lebewesen als auch kosmische Bewegungen und Abläufe beeinflusst. Wissen und Heilmethoden älterer Kulturen werden mit neueren wissenschaftlichen Erkenntnissen verknüpft, damit der Leser diese nutzen kann für seine Orientierung im Alltag, um Störungen zu vermeiden, entsprechende Probleme zu lösen und ganzheitlich eine Atmosphäre des Wohlbefindens, Wohlwollens und der Heilung in sich und in seiner Umwelt zu schaffen.

Geh den Weg der Mystiker

Meister Eckharts Lehren für die spirituelle Praxis im Alltag

Peter Reiter

Hardcover, 304 Seiten – ISBN 978-3-936486-37-7

Noch nie war Mystik so spannend, so aufregend! Zeitgemäß, lebendig und alltagsorientiert vermittelt der Meister-Eckhart-Experte Peter Reiter die Lehre des größten deutschen Mystikers – exemplarisch für alle mystischen Traditionen. Die Kraft und Inspirationen der Lehre Meister Eckharts werden hier so vermittelt, dass sie direkt ins Herz des Lesers fließen. Schritt für Schritt begleitet Peter Reiter den Suchenden an den Ort, wohin der alte Meister schon seine Zuhörer führte: zur unmittelbaren Erfahrung des All-Eins-Seins inmitten der Welt, ins Hier und Jetzt! In allen Lebensbereichen kann das Göttliche geahnt, gefühlt und erfahren werden. Der Weg zum Ziel führt mit entsprechenden Übungen über verschiedene Etappen: Mitgefühl mit allem Sein, leben in Gelassenheit, Widerstand aufgeben, die Welt annehmen, Verantwortung übernehmen, Altes bereinigen, Bewerten und Verurteilen sein lassen, mit Trauer und Leid umgehen und die Liebe leben. Die Übungen im Geiste Eckharts stammen aus verschiedenen mystischen Schulen und geistigen Traditionen.

Dein Seelenhaus

Ein direkter Weg mit der Seele zu sprechen

Peter Reiter

Hardcover, 200 Seiten, ISBN 978-3-86616-062-0

Spielerisch die eigene Seele erkunden, Vorzüge und Defizite seiner Persönlichkeit in wenigen Minuten erkennen lernen und dabei auch noch Spaß und Entdeckerfreude haben – geht das? Ja, mit der hier vorgestellten und neu entwickelten Methode von Dr. Peter Reiter ist dies einfach.
Nicht nur, dass Sie endlich wissen werden, welche Talente und Fähigkeiten in Ihnen schlummern, Sie erkennen in diesem Bild des Seelenhauses sofort, schnell und sicher ihre Defizite oder Bereiche, die der Zuwendung, Entwicklung und Heilung bedürfen. Sie verändern mit dem Umbau des Seelenhauses auch Ihre Seelenmuster und von da ausgehend auch Ihre äußere Erscheinung und Ihr Verhalten zur Mitwelt. Dies funktioniert bei Ihnen selbst wie auch bei Ihren Freunden, Kindern, Partnern oder Klienten und Patienten – eine kurze Bildmeditation genügt, um das Innere zu erfassen. Es geschieht mühelos, nur über eine entsprechende Visualisation und Absicht, denn die Lebensenergie folgt den Gedanken oder Bildern.

Kontemplation und Mystik

Paperback, 48 Seiten, zwei Ausgaben: Frühjahr und Herbst

ISSN 1610-2185

Kontemplation und Mystik ist eine **Zeitschrift** zu Praxis und Theorie kontemplativen Lebens. Ihr Anliegen ist, den alten, fast vergessenen christlichen Gebetsweg der Kontemplation wieder bekannt zu machen, der in den Raum mystischer Erfahrungen führt. So möchte diese Zeitschrift all jenen als Forum dienen, die sich der mystischen Tradition verbunden fühlen und konkrete Anregungen und Impulse für den eigenen spirituellen Weg suchen. Damit dient die Zeitschrift dem Dialog sowohl innerhalb der christlichen Tradition sowie zwischen den verschiedenen mystischen Erfahrungswegen der Religionen als auch den angrenzenden Wissensgebieten und Forschungsfeldern, insbesondere der transpersonalen Psychologie.
Die Beiträge in **„Kontemplation und Mystik"** sind aus der Erfahrung heraus für die Erfahrung transpersonaler, mystischer Bewusstseinsräume geschrieben. Sie berücksichtigen gleichermaßen die mystische Tradition sowie deren Verwirklichung im spirituellen Alltag. So ist diese Zeitschrift ein wichtiger Begleiter auf dem Weg nach innen.